RECHERCHES HISTORIQUES

sur

LA VICOMTÉ DE LA GUERCHE

EN TOURAINE

ET SUR LES FIEFS QUI EN RELEVAIENT

AVAILLES, BARROU, LA BOUTELAYE, BUXEUIL, MÉRÉ, etc.

Par J.-X. CARRÉ de BUSSEROLLE

Membre de la Société archéologique de Touraine.

TOURS
IMPRIMERIE LADEVÈZE
1862.

RECHERCHES HISTORIQUES

SUR

LA VICOMTÉ DE LA GUERCHE

EN TOURAINE

ET SUR LES FIEFS QUI EN RELEVAIENT

AVAILLES, BARROU, LA BOUTELAYE, BUXEUIL, MÉRÉ, etc.

Par J.-X. CARRÉ de BUSSEROLLE

Membre de la Société archéologique de Touraine.

Les notices que Chalmel et Dufour ont publiées sur l'ancienne vicomté de la Guerche (1) présentent des lacunes importantes et de graves erreurs. L'un et l'autre, négligeant certaines sources où ils auraient pu puiser des renseignements plus précis et plus complets, ne se sont nullement occupés de la chronologie des seigneurs de la Guerche avant le XIVe siècle, ainsi que des faits historiques auxquels le nom de cette localité s'est trouvé mêlé dans un espace de temps de près de trois cents ans. De plus, dans la nomenclature des propriétaires du fief principal, de 1336 à 1789, Chalmel a omis un certain nombre de noms qu'il importait cependant de faire connaître. La découverte de documents encore inédits, dans les manuscrits de la bibliothèque impériale, nous a mis à même de

---

(1) *Hist. de Touraine*, par Chalmel, III. p. 114. — *Diction. de l'arrondissement de Loches*, par Dufour, I. p. 271.

suppléer au silence de ces deux historiens et de rendre aux faits le caractère de vérité qui leur appartient. Les ville et château de la Guerche, en raison de leur ancienneté, de leur importance féodale, du renom de leurs seigneurs, comme aussi de la célébrité que leur ont donné Charles VII et Agnès Sorel en y séjournant, méritent bien d'ailleurs que l'on s'en occupe d'une manière toute spéciale.

Au xie siècle, la Guerche était désignée sous les noms de *Wirchia*, *castrum de Wirchea*, et au xiie sous ceux de *Guirchia*, *Guerchia* et *Querchia*. La présence d'un W dans le nom primitif indique évidemment une origine franque ou germanique. On sait en effet que cette lettre, inconnue aux Romains, et manquant par cette raison dans les langues de l'Europe romane, appartient exclusivement à l'alphabet des peuples du Nord. Dans le vieux français, formé de la fusion du latin, du celtique et du tudesque, on se servit indifféremment du G, et quelquefois de la lettre Q pour la lettre W. Ainsi, de même que, par exemple, le mot *guide* s'est dit pour *wide,* de même, vers le xiie siècle, on écrivit la *Querche*, la *Guerche* ou *Guerchia,* au lieu de la *Werche* ou *Wirchia.*

Aucun titre ne fait mention de cette localité avant le xie siècle. Le château actuel, bâti sous le règne de Charles VII, en a remplacé un autre dont il est parlé dans une charte de 1095, à l'occasion d'une donation qu'un nommé Guarin fit à l'abbaye de St-Pierre-de-Preuilly ; l'acte fut passé dans le château de la Guerche (*in castro Wirchiæ*), le jour de la fête de saint Marcellin, avec le consentement de Regnaud, et de son fils, suzerains du donateur.

Chalmel prétend, mais sans fournir aucune preuve à l'appui de son assertion, que cette forteresse était peu considérable. Elle avait cependant assez d'importance pour que Jean-Sans-Terre, roi d'Angleterre, qui s'était emparé en 1203 d'une partie de la Touraine, se soit préoccupé de la conserver sous sa dépendance.

Robert III, comte d'Alençon et de Séez, qui en était alors propriétaire du chef sa femme, Jeanne de la Guerche, fille et héritière de Josbert de la Guerche, avait quitté le parti des Anglais et suivi Philippe-Auguste dans son expédition de Normandie. Mécontent de cette défection, Jean-Sans-Terre, par lettres expédiées du Mans, le 23 janvier 1203, ordonna à Gérard de Létang, à Chalon de la Roche et autres chevaliers qui gardaient la Guerche, de remettre la forteresse aux mains d'un gouverneur que désigneraient Girard d'Athée et Eschivard de Preuilly. Suivant ces mêmes lettres, le nouveau gouverneur devait fournir une caution et empêcher le comte d'Alençon, ainsi que sa femme, d'exercer aucune autorité dans le château tant qu'ils resteraient dans le parti de Philippe-Auguste (1).

Ce fut Geoffroy III, vicomte de Châteaudun, qui fut investi des fonctions de gouverneur. Quelques jours après, ce seigneur ayant été fait prisonnier par Philippe-Auguste, de nouvelles lettres de Jean-Sans-Terre ordonnèrent la remise de la forteresse à Girard d'Athée, gouverneur de Loches, qui, un peu plus tard, la rendit à Geoffroy de Châteaudun (2).

Dans ces temps de troubles et de guerre civile, les propriétés féodales changeaient souvent de maîtres, suivant que la for-

---

(1) *Rex..... Gerardo de Stagno, Johanni de Stagno et Chaloni de Rupe et aliis militibus custodientibus castrum de Guirchia, salutem. Mandamus vobis quod per consilium G. de Athies et Eschiwardi de Pruilly, castrum de Guirchia in tali manu custodiendum committatis unde dampnum vel dispendium nobis non possit evenire, accepta bona securitate ab illo qui per consilium ipsorum illud custodierit, quod illud salvo custodietur. Ita quod comes R. Sagiensis nec uxor sua aliquam potestatem habeant in castro illo, quamdiu idem comes nos werraverit Teste me ipso, apud Cenomanis* xiii *die januarii.* (Rot. Norm. litt. pat).

(2) *Rex..... militibus custodientibus castrum de Guirchia..... mandamus vobis quod statim visis litteris istis liberetis dilecto et fideli nostro G. de Atheis castrum de Guierchia custodiendum. Scimus enim quod dominus vir vicecomes Castri-Duni quod moleste ferimus captus est; sed in proximo per gratiam Dei liberabitur et tunc ei inde faciemus quod facere debebimus dilecto et fideli homini nostro. Teste P. de Rupibus, apud Rhotomagum* xxxi *die martii.* (Rot. norm. litt. pat.)

tune des armes en décidait. Vingt ans après les faits que l'on vient de lire. et qui sont empruntés au *Rôle des Normands*, la Guerche tomba aux mains de Pierre de Dreux I, dit Mauclerc, allié des Anglais. Dans le même moment Louis VIII, roi de France, qui venait de succéder à son père, Philippe-Auguste, rassemblait une armée considérable pour tenter une expédition en Poitou et en Limousin. A la nouvelle de la prise de la Guerche, ce prince dépêcha un fort détachement de ses troupes dans la partie méridionale de la Touraine, avec ordre de reprendre cette place. Amaury de Craon, chargé de commander le détachement, vint assiéger la Guerche, et, l'ayant emportée d'assaut, fit prisonnier Pierre de Dreux, qui dut payer une grosse somme pour obtenir sa liberté (1223).

Les familles de Preuilly, d'Amboise, de l'Ile-Ogier, de Maillé, de Rougé, de Thalensac, de Châteaugiron, Frotier et de Malestroit possédèrent la Guerche après Geoffroy de Châteaudun, seigneur de ce domaine à cause de sa femme, Jeanne de la Guerche, veuve de Robert III, comte d'Alençon. Cette succession chronologique nous conduit, sans nous fournir aucun fait intéressant, jusqu'au xv° siècle, qui vit construire le château actuel de la Guerche.

Si l'on s'en rapportait à l'*Histoire de Touraine*, de Chalmel, Charles VII et Agnès Sorel, celle-ci par suite d'une donation royale, auraient possédé le domaine dont nous retraçons l'histoire. « Ce fut probablement Jean de Châteaugiron, dit-il,
« qui vendit à Charles VII le domaine de la Guerche. » — Et plus loin il ajoute : « Agnès Sorel, dame de la Guerche, par
« concession de Charles VII, consentit sans doute à s'en dé-
« mettre en faveur de sa cousine Antoinette de Maignelais,
« lors de son mariage avec le sire de Villequier. »

Quelle que soit la source à laquelle ces documents aient été pris, on peut affirmer qu'ils constituent autant d'erreurs. Pour le prouver, il nous suffit de dire, avec Dom Housseau :
1° Qu'avant d'appartenir à Nicole Chambes (1448), la terre de la Guerche était, depuis 1400 au moins, la propriété des

Châteaugiron, des Frotier et des Malestroit ; 2° que, par acte du 21 mai 1448, Jehan de Malestroit et Geoffroy, son père, vendirent la Guerche non à Charles VII, comme l'avance Chalmel, mais à Nicole Chambes, gentilhomme originaire d'Écosse, et ce, au prix de 1100 écus d'or ; 3° que ce même Nicole Chambes revendit la Guerche, par contrat du 19 octobre 1450, et moyennant 4000 écus d'or, à André de Villequier ; 4° que, longtemps après la mort de Charles VII, ce domaine appartenait encore aux de Villequier.

La production de ces dates, qui ne laissent aucune place à la prétendue possession de Charles VII et d'Agnès Sorel, nous dispense de toute discussion.

On pourrait même aller plus loin, et affirmer que si le château de la Guerche, comme l'ont écrit Chalmel, Dufour et autres, a été bâti par Charles VII, cette construction a eu lieu en faveur d'Antoinette de Maignelais ou d'André de Villequier, et non en faveur d'Agnès Sorel.

Malgré tout ce qu'on a pu dire de la passion de Charles VII pour la *belle des belles,* il est certain qu'il se consola très-facilement et très-promptement de sa mort. Les cendres d'Agnès étaient à peine refroidies, que l'insouciant monarque revenait à ses anciennes amours. Si la mémoire de ce prince avait droit à quelque considération, ce ne serait pas, à coup sûr, en raison de la pureté de ses mœurs. Avant de connaître Agnès Sorel il avait beaucoup aimé Antoinette de Maignelais, dont la beauté, au dire de la chronique, ne le cédait en rien à celle de sa cousine.

Antoinette ayant amené Agnès à la cour, elle fut bientôt supplantée par celle-ci dans le cœur du roi, qui, ébloui par les charmes de la demoiselle de Fromenteau, s'abandonna à sa nouvelle affection de façon à négliger, jusqu'à les compromettre, les intérêts de son royaume ; sa folle passion s'éteignit avec la vie d'Agnès, et ce fut quelques mois après qu'il se remit sous l'empire d'Antoinette, courtisane adroite et insinuante, qu'André de Villequier, peu scrupuleux, à ce qu'il paraît, ou peut-être, aussi trop dévoué, consentit à prendre pour épouse. Le roi, présumant que ce seigneur pourrait montrer quelque répugnance à accepter cette position équivoque, lui avait fait don, *en considération de son mariage*, des îles d'Oléron, de Marennes, d'Arvert, de la vicomté de Saint-Sauveur et la baronnie de Neabou (1450).

À cette époque semble remonter la construction du château de la Guerche, qui eut lieu, suivant la tradition, aux dépens du trésor royal. Si ce nouveau témoignage de la générosité de Charles VII n'est pas établi par des documents certains, il n'en est pas de même de la question de savoir par qui en en faveur de qui le château fut édifié. La présence des armoiries des Villequier au dedans et en dehors des appartements, au haut des portes et aux clefs de voûtes, prouve évidemment que le château de la Guerche a été bâti pour ou par un membre de cette famille.

Nous ne chercherons point à soulever davantage le rideau qui cache cette partie de la chronique du vieux manoir de la Guerche, qu'un écrivain contemporain a qualifié, à juste titre, de boudoir mystérieux du xve siècle. Cependant, dans l'intérêt de l'histoire, et aussi peut-être de la mémoire d'André de Villequier, nous croyons devoir faire observer que ce seigneur ne paraît pas avoir résidé dans son château en même temps que Charles VII et Antoinette de Maignelais. Nous voyons, en effet, qu'en 1453, c'est-à-dire trois ans après l'acquisition qu'il avait faite de Nicole Chambes, André de Villequier, subissant forcément les conséquences du rôle auquel il s'était soumis, n'avait pas encore songé à habiter ni à connaître son nouveau domaine. Dans le courant du mois d'avril de cette année, il demanda au roi un délai pour lui *bailler le dénombrement et adveu* de la vicomté de la Guerche, sous prétexte, dit un document que nous avons sous les yeux, qu'il n'avait pas la *vraye cognoissance des droicts et tenements ne de l'étendue d'icelle terre.* Charles VII était trop bien disposé en sa faveur pour repousser sa demande ; une ordonnance royale du 14 mai 1453 fit droit à la requête (1). Un an après, André de Villequier décédait au château de Preuilly, et sa femme, Antoinette de Maignelais, fidèle à son passé, devenait publiquement la maîtresse de François II, duc de Bretagne, duquel elle eut deux fils et deux filles.

A la fin du XVIe siècle, la terre de la Guerche appartenait encore à la famille de Villequier, représentée alors par Claude de Villequier et Georges, son fils.

Claude et Georges avaient embrassé le parti de la Ligue et entretenaient l'agitation dans la partie méridionale de la Touraine et dans le Haut-Poitou. Ils s'étaient emparés des principales forteresses du pays, entre autres de celles du Grand-Pressigny, d'Etableaux, de Cléoffy, paroisse d'Écueillé, des Bordes, paroisse du Petit-Pressigny, du Roulet, paroisse de Saint-Flovier, et des Étangs, près Orbigny. Une soldatesque effrénée, composée de reistres et de vagabonds, commettait dans le pays des désordres de toute espèce.

---

(1) Charles, par la grâce de Dieu, roy de France, à nos amés et féaulx les gens de nos comptes et trésoriers, au bailli de Touraine et à nos procureurs et receveurs au dit bailliage ou à leurs lieutenants ou commis, salut et dilection. Notre amé et féal conseiller et chambellan André, seigneur de Villequier, vicomte de la Guierche, nous a fait exposer que naguères il nous a fait les foy et hommage qu'il nous devait et estoit tenu de faire pour raison de la dite vicomté de la Guierche et ses appartenances; mais pour ce qu'il n'a naguères acquise et n'a pas encore la vraye congnoissance des droits et tenements de l'étendue d'icelle, il n'en porait, quant à présent, bailler le dénombrement et adveu, humblement requérant que sur ce nous plaise lui impartir notre grâce. Pour ce est-il que nous ce considéré, au dit exposant avons donné et octroyons de grâce espéciale par ces présentes, terme, répit, délay et souffrance du jourd'uy jusques à ung an prochain de bailler par escript son dit adveu et dénombrement de la dite vicomté et seigneurie de la Guierche et de ses dites appartenances, si vous mandons et à chacun de vous si comme à lui appartiendra que de nos présens grâce et octroy vous le ferez ou souffrez joir et user plainement et paisiblement, car ainsi nous plaist-il estre fait, pourveu que cependant il fera et payera les autres droits et devoirs pour ce deus, se fais et payés ne les a donné. A Jazeneuil, le quatorzième jour de may l'an de grâce 1456 et de notre règne le trente-unième.

Par le roy à la relation du conseil.   ROLANT.   (*Dom Houss.* XII, 5776).

Ému des plaintes incessantes des populations, Arnaud de St-Lary, seigneur de Salers, gouverneur pour le roi du château de Loches et de la partie méridionale de la Touraine, résolut de mettre fin à cet état de choses en s'emparant de la Guerche, qui était le principal refuge des ligueurs. Les détails de l'expédition qu'il entreprit dans ce but, de concert avec Louis Chateigner, baron de Preuilly, ont été consignés dans un manuscrit intitulé *Annales de Touraine,* et qui a appartenu au Chapitre de Saint-Gatien de Tours. Chalmel paraît en avoir ignoré l'existence, et nous ne pensons pas qu'ils aient été jamais publiés. Voici en quels termes s'exprime le manuscrit :

« M. d'Abain (Louis Chateigner, baron de Preuilly et de la Rochepozay), étant à Preuilly, reçut une lettre d'Arnaud de St-Lary, sieur de Salers, par laquelle il le suppliait de l'aider à exécuter un dessein qu'il avait formé de s'emparer du château de la Guerche, qui servait de retraite aux ennemis, et de là faisaient des courses en la province. Le sieur d'Abain lui fit réponse qu'il y contribuerait de toutes ses forces. Sur cette assurance, M. de Salers part de Loches le 4 février 1592, avec le régiment de Vatan, conduit par le sieur de Sainte-Anne, et avec la compagnie des chevau-légers du sieur Dubois de la Vigne, la compagnie du jeune Campagnol et celle de Grastelou ; il surprit, avec ces troupes, la ville de la Guerche, qu'il trouva faible et sans garde, puis il investit le château, où était Claude de Villequier, qui d'abord voulut traiter afin de gagner du temps et d'avoir à son secours, de Poitiers, Georges de Villequier, vicomte de la Guerche, son fils.

« En effet, le vicomte partit avec 800 hommes de pied et 200 chevaux, et une pièce de campagne ; mais le passage de la Vienne fut cause qu'il arriva trop tard d'un jour. Étant arrivé devant la Guerche le jeudi matin fin février, trois heures avant jour, avec sa pièce de campagne, il fit quitter par cette petite batterie, au régiment de Vatan, les barricades qu'ils avaient faites au faubourg de la Petite Guerche, le défit, tua deux cents hommes, fit prisonnier le sieur de Sainte-

Anne, qui le commandait, et enleva les drapeaux. Il poussa ses conquêtes jusqu'au pont dont il força une barricade.

« A la nouvelle de l'approche du vicomte de la Guerche, M. d'Abain marcha vers ce château et logea ses troupes à Barrou, afin d'être à portée de secourir M. de Salers, qui gardait la Guerche. Ces troupes étaient composées de 70 maistres et trois compagnies d'arquebusiers à cheval, d'environ 200 hommes, commandés par le baron de la Rocheposay (Jean Chateigner III), fils de M. d'Abain. Ce seigneur, de là se rendit à la Guerche, le soir du 5 février, et attendant le jour avec impatience pour combattre le vicomte, il manda au baron de le venir trouver avec ses gens. A leur arrivée, ils entendirent le grand bruit de feu que les ennemis faisaient sur le régiment de Vatan, dont la défaite empêcha M. de Salers d'être d'avis de combattre le vicomte. De plus, il avait besoin de ses troupes pour garder le château et Claude de Villequier, qui était prisonnier ; enfin, tous résolurent de poursuivre le vicomte, qui avait poussé jusque sur le pont dont il avait forcé une seconde barricade ; il fut obligé de se retirer à cause du feu que l'on faisait du château sur les troupes, ce qui lui fit comprendre qu'il était pris.

« M. D'Abain, et le baron son fils, suivirent le vicomte Georges de Villequier, qui s'était retiré dès le point du jour. Pour l'amuser, MM. de la Rocheposay envoyèrent des coureurs, au nombre de 30 maistres, et autant d'arquebusiers à cheval. Ce détachement rencontra à la Fouchardière l'arrière-garde des ennemis, qu'il poussa avec force. Le vicomte, incommodé des gouttes, avait gagné le château de Beauvais, près Montoiron, et avait logé sa cavalerie et son corps d'infanterie au bourg d'Availles, près la Tour-d'Oiré ; mais, comme il ne s'attendait à rien moins qu'à être suivi, il fut contraint de s'aller remettre dans le corps de ses troupes, pendant qu'il envoya le sieur de Mortagne avec 50 maistres pour reconnaître ceux qui le suivaient. Cet officier, se présentant sur une colline, découvrit les troupes de M. d'Abain sur le bord de la rivière d'Auzon, et, voyant que l'on dépêchait des coureurs vers lui, il se retira et fit son rapport à Georges de Villequier, qui résolut de s'en aller vers le château de l'Isle, où était son passage de la Vienne, distant d'une demi-lieue d'Availles. En même temps, M. d'Abain envoya promptement à Châtellerault pour prier le gouverneur, René de Préaux, de le venir trouver avec le plus de soldats qu'il pourrait. Ce seigneur amena six vingt hommes.

« Le vicomte, voyant bien qu'il ne pouvait éviter de combattre, pour s'y disposer, il plaça son champ de bataille en une prairie bordée de fossés de tous côtés ; l'entrée était à un moulin, où il plaça son corps de six vingt espagnols, qui se retranchèrent par des barricades à l'épreuve du canon, de sorte qu'il ne restait que deux avenues au long de la Vienne, et que l'on ne pouvait gagner sans forcer l'infanterie qui gardait les retranchements. La cavalerie était au milieu de la prairie, pour soutenir ceux qui seraient forcés. Ces dispositions obligèrent M. d'Abain, qui n'avait pas assez de monde pour faire une attaque générale, de tenter, sur les quatre heures du soir, s'il y avait moyen d'ébranler les ennemis par des escarmouches. Il fit faire la première par l'infanterie venue de Châtellerault, qui approcha les ennemis de trente pas, et, après avoir fait leur décharge, ils se retirèrent sous des noyers, comme pour recharger.

« M. d'Abain, craignant que les ennemis ne tirassent avantage de cette retraite, envoya dans le même instant six vingt arquebusiers à cheval, lesquels, mettant pied à terre, firent leur décharge et se jetèrent en même temps, l'épée à la main dans les retranchements des ennemis, et tout aussitôt furent suivis de 40 hommes d'armes conduits par le baron de la Rocheposay et par le seigneur du Bois de la Vigne, lesquels, après avoir essuyé le feu de ceux qui bordaient les retranchements de la prairie, gagnèrent l'avenue qui était sur le bord de la Vienne ; par cette entrée, ils se mêlèrent au milieu des ennemis. Les autres troupes, disposées en trois escadrons de cavalerie en forme de croissant, flanqués d'arquebusiers, avancèrent ensuite et suivirent ceux qui avaient gagné les retranchements, et achevèrent de mettre en désordre les soldats du vicomte de la Guerche, qui, épouvantés, se contentèrent de faire leur décharge, sans oser tenir ferme, et gagnèrent la rivière avec tant de confusion, qu'ils se précipitèrent dans l'eau les uns sur les autres.

« Le vicomte de la Guerche avait fait réserver deux bateaux pour servir en cas de besoin ; il se jeta dans un pour se sauver ; mais plusieurs s'y jetèrent avec lui ; d'autres s'attachèrent au bateau sans qu'on les en pût empêcher, et cette multitude le fit renverser. Le vicomte fut noyé avec plusieurs autres gentilshommes. Les ligueurs perdirent 200 hommes, et il y en eut près de 450 de noyés. Le combat fut si considérable, que, si l'on en croit le continuateur de Serres, il y mourut autant de noblesse qu'à la bataille de Coutras. La mort du vicomte de la Guerche donna quelque repos à la Touraine, qui fut dès-lors assujettie complètement au roi. »

Ici se termine le récit que nous avons emprunté au manuscrit de Saint-Gatien. La prise du château de la Guerche et la défaite des ligueurs, qui en fut la conséquence, sont les seuls faits importants que nous ayons à relever jusqu'à la fin du xviiie siècle.

La Guerche était autrefois entourée de murs et de fossés qui disparurent au commencement du xviie siècle. La description de son château a été faite trop souvent pour que nous ne nous dispensions pas de revenir sur ce sujet. Nous nous bornerons à faire connaître les principaux droits et usages féodaux de la vicomté, et à jeter un coup d'œil sur les établissements intéressants qui en dépendaient.

Ce fief a porté le titre de vicomté dès le commencement du xive siècle. Jean de l'Ile-Ogier est le premier seigneur qui se soit qualifié de vicomte de la Guerche, en 1336. Chalmel s'est donc trompé en disant que ce domaine fut érigé en vicomté en faveur d'André de Villequier, par le roi Charles VII. Le titre existant déjà, il n'y avait pas de motif pour en créer un nouveau ; on remarquera, d'ailleurs, qu'aucun document n'a été produit à l'appui de cette assertion, dont, selon nous, on ne doit tenir aucun compte.

La Guerche releva primitivement des archevêques de Tours, et ensuite des barons de Preuilly, envers lesquels le vicomte était redevable des foi et hommage-lige, de 12 livres 10 sols aux loyaux aides, et de douze jours de garde dans le château de Preuilly. Le roi Charles VII, qui ne laissait passer aucune occasion d'être agréable à André de Villequier, fit avec Pierre Frotier et son fils, barons de Preuilly, une transaction par laquelle ces derniers consentirent à ce que la Guerche relevât désormais du roi, à cause de son château de Tours. Cette transaction eut lieu à Chissé, en Touraine, au mois de juin 1452. Par réciprocité, Charles VII, par lettres délivrées au Bridoré, le 18 septembre 1452, accorda à Pierre Frotier le droit de haute justice pour sa terre de Melzéart, en Poitou, ce qui fut confirmé par Charles, comte du Maine et seigneur de Melle, suzerain de la terre de Melzéart. A cette concession le roi joignit le don d'une somme de 6,000 écus d'or. Il ne résulta de là aucun changement dans la nature des devoirs féodaux des seigneurs de la Guerche, qui furent, vis-à-vis du château de Tours, ce qu'ils avaient été vis-à-vis du château de Preuilly jusqu'à la transaction de 1452.

Des aveux du xve et du xviie siècles nous apprennent que les vicomtes de la Guerche jouissaient, entre autres droits, de ceux de haute, moyenne et basse justice, de péage sur toute l'étendue du fief, tant par eau que par terre, de prévôté et de sceaux à contrats. Ils avaient également la faculté de tenir cinq foires par an dans la ville de la Guerche, aux fêtes de saint Venant, de saint Brice, de saint Marcellin (d'été), de saint Mathieu et de sainte Marguerite.

Outre les autres droits d'aubaine, de la taille, de corvées, de banvin, de tonlieu, de guet, de gîte, d'épaves, etc., qui étaient communs à tous les fiefs de quelque importance, le seigneur de la Guerche en possédait un qui mérite d'être signalé, en raison de sa bizarrerie. Nous le trouvons indiqué dans les termes suivants, par un aveu rendu au roi en 1682, par Anne d'Aumont, vicomtesse de la Guerche : « Tous ceux qui prennent femme en la terre de la Guerche, terre et seigneurie, fiefs et arrières-fiefs, et sont mariés dans le mois qui précède la feste de la Trinité, sont tenus de se trouver en personne, sans assignation, le dit jour au dit lieu de la Guerche, et de courir trois fois sur ma rivière de Creuse à force de nacelle ou de chalan, et faire la même chose que les meusniers contre le ponteau ou quintaine (c'est-à-dire briser une perche contre le poteau), et à deffaut de se rendre le dit jour, doivent chacun une amende d'une livre de cire ou la valeur. »

Cette coutume existait encore en 1789 ; mais depuis longtemps, les personnes qu'elle concernait ne manquaient pas d'user de la latitude qui leur était laissée de s'en affranchir par une contribution.

Nous comptons trente-cinq fiefs qui relevaient du château de la Guerche. On en trouvera plus loin la liste, avec l'indication des redevances auxquelles chacun d'eux était soumis. Dans cette liste figure l'église actuelle de Saint-Marcellin, qui paraît avoir été fondée par Regnaud de la Guerche, ou par son prédécesseur (1050-1100). Elle offre les caractères propres au style romano-byzantin secondaire ; le plan est celui de la croix latine. On voyait autrefois dans l'une des chapelles, à l'extrémité du transsept, un tombeau qui a longtemps passé pour être celui d'Agnès Sorel. Depuis, on a reconnu qu'il avait été élevé à la mémoire de Jacqueline de Miolans, première femme de Jean-Baptiste de Villequier, morte en 1518. Par son testament, daté du 17 septembre 1518, cette dame de la Guerche avait choisi l'église de Saint-Marcellin pour lieu de sépulture, et ordonné qu'il serait dit pour le repos de son âme *douze mille messes*, d'une part, et qu'il serait célébré perpétuellement, dans le même but, *sept messes par chacune sepmaine*.

M. de Croy, père du propriétaire actuel du château de la

Guerche, a fait transporter le tombeau de Jacqueline de Miolans dans une ancienne chapelle du vieux manoir.

Non loin du tombeau de Jacqueline de Miolans se trouvait celui d'un saint prêtre, nommé Charles Gautier, décédé à la Guerche dans le courant du mois de décembre 1536, et qui par son testament, daté du 17 septembre 1530, avait fondé une chapelle dans l'église de Saint-Marcellin.

De temps immémorial l'abbaye de St-Pierre-de-Preuilly jouit du droit de nomination à la cure de la Guerche. Elle fut confirmée dans la possession de ce privilége par bulles des papes Urbain II et Alexandre III et par lettres des archevêques de Tours, Hugues d'Étampes (1147), Engebaud de Preuilly (1149 et Barthélemy II de Vendôme 1184).

Il y avait à la Guerche, avant la Révolution, un collége dont la fondation était due à Charlotte de Villequier, vicomtesse de la Guerche. Voici le texte de l'acte de fondation de cet établissement :

« Saichent tous que le dernier jour de septembre 1616, en droit en la cour de la vicomté de la Guerche, en Touraine, pardevant nous fut présente, establye et soubmise haute et puissante dame Charlotte-Catherine de Villequier, comtesse de Clervaux, vicomtesse de la Guerche, dame des baronnies d'Elry, en Brie, Aubigny et Faye, en Poitou, veuve de deffunt haut et puissant seigneur messire Jacques d'Aumont, vivant chevalier, baron de Chappes et de Dun le Patteau, laquelle désirant autant qu'il lui est possible l'accroissement de ses subjects de la dite vicomté de la Guerche, et sachant qu'il n'y a plus beau moyen que par l'érudition de la jeunesse aux bonnes lettres, seul moyen pour leur donner entrée et leur frayer le chemin de la vertu ; pour ces causes et autres bonnes et justes considérations, a donné et donne à perpétuité, pour la fondation d'ung collége en la ville dudit lieu de la Guerche, la somme de 52 livres de rente annuelle et perpétuelle, payable par chacun quartier de l'année, et à icelle rente prendre et recepvoir par notre fermier du four à ban dudit lieu, ou fermier général, au lieu de la mesme somme qu'estoit payée pour pension viagère a deffunte Jehanne Rousseau, et ce par le régent ou précepteur qui sera à ce institué ou choisi tant par ladite dame et ses successeurs, que par le corps desdits subjects et habitans pour ce assemblés, aux fins de donner moyen audit précepteur de s'entretenir honnestement, selon sa qualité, et enseigner la jeunesse aux bonnes lettres et à la vertu, à la charge aussi de conduire ses enfants et écoliers en l'église de ladite ville trois fois par chacune sepmaine, pour dire et chanter au salut à l'honneur de la Vierge, avec aultres suffrages de dévotion en faveur et pour la santé et prospérité de madite dame et ses successeurs; lequel don a été accepté par messire Jean Lambert, exerçant ladite charge de régent, de la capacité et prudhommie duquel ladite dame a dit estre deuement acertainée; et pour insinuer ces présentes où besoing sera, les parties ont constitué leur procureur le porteur d'icelles. Et laquelle rente de 52 livres ladite dame a promis garantir à perpétuité vers et contre tous troubles et empeschements quelsconques, renonçant à toutes choses à ce contraires, obligeant tous ses biens, dont l'avons jugé par le jugement et condamnation de ladite cour, le scel d'icelle y apposé. Fait et passé au chastel dudit lieu de la Guerche, les jour et an que dessus. Ainsi signé en la minute des présentes : Charlotte de Villequier; Lambert de Fremenlel, notaire et tabellion; et de nous, notaire soussigné: Raguin. — » (1).

Le 6 novembre 1623, César d'Aumont, fils de Catherine-Charlotte de Villequier, approuva et ratifia une disposition de l'acte précédent, relative à la perception de la rente de 52 livres :

« Nous César d'Aumont, chevalier, marquis de Clervaux, vicomte de la Guerche, baron de Chappes, sçavoir faisons à tous qu'il appartiendra, que nous voulons et entendons que Monsieur Aimé Nicolay, régent et précepteur du collége fondé en notre ville dudit lieu de la Guierche, par deffuncte dame

(1) Dom Housseau, xii, 5784.

Charlotte de Villequier, dame de Chappes, vicomtesse dudit lieu, notre mère, jouisse, prenne et reçoive la somme de 52 livres chacun an sur notre fermier du four à ban dudit lieu, suivant et au désir du titre de ladite fondation, passé par Raguin, notaire, le dernier jour de septembre 1616, que nous voulons sortir effect selon sa teneur, et rapportant acquit, par ledit fermier du four à ban, ou fermiers généraux de notre dicte vicomté, promettons leur allouer sur le prix de leur ferme; en tesmoing de quoi nous avons signé le présent mandement, à nostre chastel dudit lieu de la Guerche, le 6 novembre 1623. — C. d'Aumont. »

Le premier régent du collége de la Guerche fut Jean Lambert; le second Aimé Nicolay.

Au moyen-âge, un saint personnage, nommé Rigomier, était honoré, à la Guerche, comme un des patrons de la paroisse. L'existence de ce saint, dont les reliques furent profanées et détruites par les protestants, en 1562, ne nous est guère révélée que par la tradition populaire. On montre encore, dans les jardins du château, une porte que l'on dit avoir été celle de l'ermitage de saint Rigomier. La même tradition désigne aussi l'endroit où le patron de la Guerche, saint Marcellin, l'un des sept fils d'une femme nommée Maure, issue d'une famille distinguée parmi les Goths, eut la tête tranchée par l'ordre du roi de ces barbares.

Dans les environs de la Guerche, on voit les ruines de la chapelle de l'ancienne commanderie de Lépinat ou Lépinaz, de l'ordre de Saint-Jean-de-Jérusalem, de la Langue de France et du Grand-Prieuré d'Aquitaine. Cette commanderie appartint d'abord à l'ordre du Temple. Il est présumable que lors de la confiscation des biens des Templiers, au commencement du XIVe siècle, elle fut attribuée aux chevaliers de Malte; au XVIIIe siècle, elle dépendait de la commanderie de Brizay.

Au bord de la forêt de la Guerche se trouvent les ruines d'une autre chapelle, dite Notre-Dame-de-Prélong, et à laquelle se rattache la légende suivante :

Un jour, sous le règne de Charles VII, un jeune fauconnier et sa fiancée, cherchant ensemble dans la forêt des nids de tourterelles, furent attaqués par un loup. L'animal se jeta avec fureur sur la compagne du fauconnier et la mordit si cruellement, qu'elle mourut peu de jours après des suites de ses blessures.

Agnès Sorel et le roi Charles VII qui se trouvaient alors à la Guerche, eurent connaissance de ce triste accident et furent touchés du désespoir du fauconnier. Il firent bâtir la chapelle de Prélong, c'était le nom de l'endroit où le malheur était arrivé, et voulurent que le corps de la jeune fille y fut enterré. Un peu plus tard, la guerre ayant éclaté entre la France et l'Angleterre, le fauconnier s'enrôla sous la bannière royale et bientôt, par le courage dont il fit preuve dans plusieurs rencontres, il mérita d'être armé chevalier de la main même de Charles VII qui l'avait pris en grande affection.

Peu de temps après sa fondation, la chapelle de Notre-Dame de-Prélong, fut érigée en prieuré et placée sous la dépendance de l'abbaye de St-Pierre-de-Preuilly. Dans le courant du xviie siècle, on réunit le bénéfice à la cure de la Guerche.

CHRONOLOGIE HISTORIQUE

DES SEIGNEURS ET VICOMTES DE LA GUERCHE.

1. — PIERRE, seigneur de la Guerche, vivait au milieu du xie siècle. Il figure dans une charte par laquelle Berlais de Montsoreau donne à l'abbaye de Bourgueil une colliberte nommée Gosberte, femme de Foulques de Valère (1040).

II. — THIBAUD DE LA GUERCHE, seigneur de la Guerche, comparait comme témoin de la donation faite par Robert

Bourguignon à l'abbaye de la Trinité de Vendôme du droit de glandée, pour 100 porcs, dans la forêt de Brioux, le 30 novembre 1077.

III. — REGNAUD, seigneur de la Guerche, est cité, ainsi que son fils Maurice, dans une charte de la fin du XIe siècle, relative à l'abbaye de Preuilly. Par cette charte, un nommé Guarin cède aux religieux de Preuilly la moitié de ses droits de sépulture dans l'église de Barrou, qu'il tient en fief de Regnaud de la Guerche, et de Maurice, son fils.

« In nomine summæ et individuæ Trinitatis, Patris, et Filii,
« et Spiritus Sancti, ego Guarinus cernens mundi terminum
« propinquantem et..... centibus demonstrantem sicuti domi-
« nus in Evangelio dicit quod « junget gens contra gentem et
« regnum adversus regnum et signa magna in cœlo et in
« terra apparebunt, » et cætera quæ sequuntur; conside-
« ransque gravitatem meorum peccatorum quæ quotidie per
« suggestionem inimici culpabilis perago, ut mihi dominus
« veniam faciat ab ipsis delictis et pro remedio animæ patris
« mei Mauricii et matris meæ Agnetis, concedo Ecclesiæ
« Prulliacensi, constructæ in honore summi salvatoris mundi
« et veneratione XII apostolorum, præcipue que sancti Petri,
« principis apostolorum, abbati Othoni, et omnibus fratribus
« sibi subjectis tam præsentibus quam futuris deo servien-
« tibus, medietatem sepulturæ ecclesiæ Barraüs quam teneo de
« domino meo Raginaldo la Wirchia, et Mauricio filio suo,
« sicut habeo de ipsis, ita ut perpetuo habeant illam monachi
« servientes Deo et sancto Petro in hoc monasterio, quasi
« alodum proprium. Si quis vero fuerit, quod minime credo,
« ex hæredibus meis qui contra hanc donationem repetere et
« rapere Deo voluerit, in primis iram Dei omnipotentis in-
« currat et una Tartara possideat; sed hoc donum maneat
« inviolatum. — Signum Guarini, qui dat; — S. Reginaldi
« la Guerchia, qui auctorizat; — S. Mauricii; — S. Maingoti.
« Facta est hæc donatio Deo et sancto Petro Prulliaci in festi-

« vitate sancti Marcelliani, in castro Virchiæ; et donum ac-
« cepit abbas, videntibus fratribus suis (1). »

IV. — MAURICE, seigneur de la Guerche, fils et héritier
du précédent, comparait dans une charte de l'an 1100, relative
à l'abbaye de Villeloin. Quelques années après, le domaine de
la Guerche passa, soit par alliance, soit au moyen d'une vente,
dans la maison de Preuilly, représentée alors par Pierre de
Montrabel, seigneur de Preuilly.

V. — PIERRE I, dit de Montrabel ou Montrabé, *de Monte-
rabis*, baron de Preuilly, seigneur de la Guerche, de la Rocheposay et d'Yseures, combattit vaillamment sous la bannière
du duc d'Anjou, à la journée de Séez (1116). Il fut un des fon-
dateurs de l'abbaye de la Merci-Dieu. Ses enfants furent :
Pierre II, baron de Preuilly ; Josbert, qui suit ; Jourdain, seigneur d'Autrèche, et Gaultier.

VI. — JOSBERT de PREUILLY, dit de la Guerche, eut
en partage la terre de la Guerche après la mort de Pierre I.
son frère. En 1152 il constitua, en faveur du couvent de Rives,
une rente de sept setiers de blé, à percevoir dans la terre de
la Guerche. Il est cité comme témoin dans une charte délivrée
en 1175 par Pierre II, baron de Preuilly, son frère, au profit
de l'abbaye de la Merci-Dieu :

« . . . . . Hæc acta sunt anno ab Incarnatione Domini
« M. C. LXXV, apud Pruliacum, in ecclesia sancti Melanii ;
« actionis hujus sic habitæ testes sunt hii : JOSBERTUS DE
« GUERCHIA, Jordanus et Walterius, fratres mei, Gaufridus
« de Cella, Hugo de sancto Flodoveo, Bernardus Rois, Hugo
« pater, Philippus frater ejus, Wilhelmus de Mirica, Hum-
« bertus Rufus, Silvester de Rocha, Petrus Achardi, Wilhel-
« mus et Petrus filii ejus, Bernardus de Ponte, Marcus prior
« de Pozay (2). »

(1) *Coll. D. Hous.*, n° 963.
(2) *Coll. D. Hous.* XVIII.

Par l'acte suivant, daté de 1201, il céda aux religieux de Baugerais son droit de péage sur la terre de la Guerche :

« Ego Josbertus, dominus Guerchiæ, notum facio præsen-
« tibus et futuris me monachis de Beaugerais, pro remedio
« animæ meæ et uxoris meæ et omnium parentum meorum
« defunctorum, peagium per totam terram meam de rebus
« propriis sine aliquo..... et consuetudinis de necessariis ven-
« dendis et emendis ad me pertinentes libere in eleemosinam
« concessisse; et ut hoc firmum et ratum permaneat sigilli
« mei munimime confirmasse. Abbas autem Beaugerais et mo-
« nachi in societatem omnium bonorum suorum temporalium
« et spiritualium et totius ordinis me receperunt et se pro me
« facturos et in vita et in morte sicut pro fratre suo promi-
« serunt. Actum publice anno Incarnati Verbi M. CCI. Hoc
« audierunt et viderunt Gauterius capellanus meus; Girardus
« de Stagno, Hugo et plure alii (1). »

Nous voyons encore Josbert de la Guerche figurer dans une donation faite en 1204 à l'abbaye de la Merci-Dieu, par Pierre II, baron de Preuilly. Voici le texte de cette donation :

« Noverint præsentes et futuri quod ego Petrus de Monte-
« rabis, miles (Pierre II, baron de Preuilly), consilio fratris
« mei Josberti et uxoris et filiorum meorum, dedi in eleemosi-
« nam abbati Misericordiæ Dei, pro redemptione animæ meæ,
« et patris et matris, et uxoris, et filiorum et omnium paren-
« tum nostrorum tam prædecessorum quam futurorum, cen-
« tum solidos Andegavensis monetæ in pedagio Rochæ
« (Rocheposay) sive sit in ponte, sive in aqua, in perpetuum
« reddendos per manus illorum qui prædictum pedagium reci-
« pient; tali vero modo singulis annis prædictæ abbatiæ per-
« solvantur : in Natali Domini XXV solidos, in Pascha XXV
« solidos; in Pentecoste XXV solidos; in ..... XXV solidos.
« Hoc vero concessit dictus Josbertus de Guerchia, frater meus;

(1) Coll. D. Rous. VI. 2159.

« Aanor, uxor mea; filii mei Eschivardus et Goffridus. Hæc
« autem eleemosina facta fuit in manu domini G. de Rajacea
« tunc abbatis Misericordiæ Dei ; et ut hæc eleemosina firmior
« haberetur et melius teneretur præcipi illam cartam fieri et
« illam sigilli mei munimine confirmari ; et ipsi testes sunt
« qui interfuerunt : P. Petrus, prior ; Marchus, monachus de
« Rocha, Johannes de Mirmanda, Marchus junior, Willelmus
« de Pictavis, P. de Charnize, Jodoinus subprior, et ipsi
« omnes monachi prædictæ abbatiæ. De militibus vero :
« Giraudus, vice-comes de Brocea, nepos meus qui prædictam
« eleemosinam suscepit manu tenendam et custiodendam ;
« Josbertus de Podio et Josbertus filius ejus ; V. Boceanus ;
« V. Achart et Elyas frater ejus; Emericus de Rochechouart.
« De servientibus : Josbertus Basyn ; Johannes de Pictavis,
« Brito, Alaïde et multi alii. Hoc autem factum fuit anno ab
« Incarnatione Domini M. CC. iiij, pontificatus domini Inno-
« centis anno 6°, regnante apud Francos rege Philippo ; apud
« Anglos rege Johanne ; enittente Turonorum archiepiscopo
« Bartholomæo et Mauricio episcopo pictavensi in cujus manu
« prædictus Petrus de Monterabei supradictam fecit eleemo-
« sinam abbatiæ Misericordiæ Dei et in eadem abbatia se
« sepeliendum esse concessit (1). »

Josbert de la Guerche mourut avant l'an 1205, et laissa deux enfants : Jeanne, femme de Robert III, comte d'Alençon, et Guillaume de la Guerche. Vers 1220 ce dernier, et Geoffroy de Ponce, son fils, prêtèrent serment de fidélité au roi Philippe-Auguste et promirent de ne jamais embrasser le parti du roi d'Angleterre. Joscelin de Blo, seigneur de Champigny, Girard du Bellay, seigneur de Passavant, Guy de Sennebaud, seigneur du Bouchet (en Brenne), et Geoffroy de Preuilly se portèrent garants de sa promesse, et donnèrent leurs terres pour gages ou pleiges.

(1) *Coll. D. Houss.*, n° 2194.

VII. — ROBERT III, comte d'Alençon et de Séez, devint seigneur de la Guerche par son mariage avec Jeanne, fille de Josbert de la Guerche. De ce mariage sont issus : Jean III, comte d'Alençon, mort le 8 janvier 1212; Mahaud, femme de Thibaud, comte de Blois, et Alice, qui épousa : 1° Robert Malet de Graville ; 2° Aymery, vicomte de Châtellerault. Jeanne de la Guerche, devenue veuve, contracta un second mariage avec Geoffroy III de Châteaudun.

VIII. — GEOFFROY III DE CHATEAUDUN, vicomte de Châteaudun et de la Guerche, à cause de sa femme Jeanne de la Guerche, était fils de Hugues V de Châteaudun et de N..... de Preuilly. En 1211, Jeanne de la Guerche donna acte d'un don fait par Josbert, son père, à l'abbaye de la Merci-Dieu ; dans la même année, elle signifia cet acte à l'archevêque de Tours :

« Omnibus ad quos præsens scriptum pervenerit, Johanna,
« comitissa Alenconii et dominæ Wirchiæ, salutem. Noverit
« universitas vestra quod dominus Josbertus Wirchiæ pater
« meus, cum assensu et voluntate mea, pro remedio animæ
« suæ et uxoris ejus, dedit et concessit in puram eleemosinam
« abbatiæ Misericordiæ Dei et fratribus ibidem Deo servien-
« tibus tria sextaria bladi in meditaria de Varenna annuatim
« percipienda, antequam Girardus de Stagno in eadem medi-
« taria aliquid perciperet ; et ut hoc donum ratum habeatur
« præsentem cartam sigilli mei munimine confirmavi. »
« — G. Dei gratia Turonensi archiepiscopo venerabili patri
« ac domino et officiali ejus, Johanna, comitissa Alenconii et
« domina Guerchiæ, salutem. Noverit paternitas vestra quod
« bonæ memoriæ pater meus Josbertus, dominus Guerchiæ,
« dedit domui de la Merci-Dieu tria sextaria bladi annuatim
« percipienda in meditaria de Varenna sicut didici a multis
« hominibus qui audierunt; inde est quod vos exora attentius
« quatenus pro amore Dei dictam eleemosinam teneri et ab his
« qui dictam medictariam possidet reddi faciatis. Valete (1). »

(1) Coll. D. Hous. VI, 2351-52.

Par les lettres suivantes, données à la Guerche en 1212, Geoffroy de Châteaudun, avec le consentement de ses enfants, Geoffroy, Isabelle, Adeline, Jeanne et Agnès, ajouta au don dont on vient de parler celui de trois setiers de froment, à prendre dans la métairie de la Varenne :

« Notum sit omnibus presentes litteras inspecturis quod
« dominus Jobertus de Guerchiæ, avus meus, et Johanna uxor
« mea, filia ipsius, comitissa Alençonii, dederunt et concesse-
« runt pro remedio animarum suarum abbatiæ Misericordiæ
« Dei, in puram eleemosynam, tria sextaria hordei in meditaria
« e Varenna a quocumque illam meditariam tenente annua-
« tim percipienda ad festum sancti Michaelis. Ego G. comes
« Castri-Duni et uxor mea dedimus et concessimus abbatiæ
« prædictæ et fratribus ibidem Deo servientibus pro remedio
« animarum nostrarum et omnium parentum nostrorum, in
« augmentum prædictæ eleemosinœ, tria sextaria frumenti, in
« supradicta meditaria ad supradictum festum annuatim per-
« cipienda, laudantibus et concedentibus Gaufrido filio nostro
« et Ysabella, Adelicia, Johanna, Agneta, filiabus nostris.
« Hujus rei testes sunt : Radulfus Bar, sacerdos magister
« Michaël ; Lucaus, Jobertus, Poupaut, clerici ; Rainaudus,
« Villeius de Haia ; Hugo furnerius, Guillemus de Juçay,
« Helyas, Achart de Rupe, milites, et plures alii. Quod ut ratum
« habeatur et stabile, sigillis nostris dignum duximus robo-
« randum. Abbas vero et conventus prædictæ abbatiæ con-
« cesserunt facere anniversaria nostra in prædicta abbatia.
« Factum est hoc apud Guerchiam, anno ab Incarnatione
« Domini M. CCXII (1). »

En 1213, Geoffroy de Châteaudun accorda aux religieuses de Rives le droit de faire paitre leurs bestiaux dans la forêt de l'Epinat (de Spinantia).

(1) Coll. D. Hous. VI. 2311.

Par une charte de 1217, il confirma l'exemption de péage accordée aux religieux de la Merci-Dieu, sur tout le domaine de la Guerche, à condition que son anniversaire et celui de sa femme seraient célébrés tous les ans dans l'abbaye de la Merci-Dieu :

« Noverint universi tam præsentes quam futuri quod de-
« functus Jobertus, dominus Guerchiæ, bonæ memoriæ, dedit
« et concessit pro remedio animæ suæ et antecessorum suorum,
« in puram et perpetuam eleemosynam, Deo et fratribus ab-
« batiæ Misericordiæ Dei quictanciam pedagii sui in toto
« dominio Guirchiæ de omnibus his quæ duxerint tam in aqua
« quam in terra, tantum ad proprios usus prædictæ domus
« pertinentibus ita scilicet ut monachus qui res ipsas duxerit
« vel reduxerit fatebitur super ordinem suum nihil ex omni-
« bus rebus ipsius fuisse venditum gratia lucrandi. Si laïcus
« fuerit qui res ipsas duxerit vel reduxerit fide confirmabit et
« de residuo ab ipsis empto in ore mercatorum quæ ad pro-
« prios usus supradictæ domus non pertinent reddatur peda-
« gium. Postea vero, ego Gaufridus vice-comes Castri-Duni et
« Aalicia uxor mea, pro remedio animarum et parentum no-
« lentes disturbare donum istud vel minuere, voluimus et
« laudavimus et concessimus, ita tamen quod in eadem
« abbatia anniversarium nostrum annuatim celebretur. Hoc
« idem donum voluit et concessit Gaufridus filius et filiæ
« Ysabella, Aalicia, Johanna et Agnes. Quod ut eisdem fra-
« tribus sit magis ratum et ut in concessum et stabile per-
« severet presentis scripti testimonis et sigillorum nostrorum
« appositione fecimus communiri. Anno ab Incarnatione
« Domini MCC septimo decimo (1). »

Jeanne de la Guerche étant morte vers 1213, Geoffroy de Châteaudun épousa en secondes noces Alice de N....., dont il n'eut pas d'enfants. Du premier lit sont issus : Geoffroy IV

(1) *Coll D. Hous.* 2440.

de Châteaudun ; Isabelle, femme de Jean d'Estouteville, Adeline, mariée à Hervé de Gallardon, Jehanne et Agnès.

IX. — ESCHIVARD II de Preuilly, baron de Preuilly et seigneur de la Rocheposay, posséda le domaine de la Guerche après Geoffroy de Châteaudun. En 1218, lui et son fils Geoffroy concédèrent aux moines de Noyers le franc-passage et l'exemption de tout droit d'achat et de vente sur le territoire de la Guerche, de même que sur leurs autres domaines de Preuilly et de la Rocheposay. C'est ce que nous apprend le titre suivant :

« Noscant præsentes inspecturi quod Eschivardus de Pruillé
« et Goffredus filius ejus concesserunt monachis Nucharien-
« sibus ut per omnem terram suam eant vendentes et ementes,
« et quicquid voluerint ducentes sive per terram, sive per
« aquam, nihil omnino nullam consuetudinem reddant,
« scilicet apud Pruillé, apud Querchiam, apud rupem de
« Poizai ; et ex hoc abbatem Bernerium in testimonium fidei
« osculaverunt, videntibus et audientibus Hugone, pro-
« consule Castri-Araldi, Petro Bruno, Guillelmo Corbet,
« Guillelmo, nepote abbatis, Yviso » (1).

Eschivard II laissa de Mathilde de N... son épouse, sept enfants : Geoffroy IV, Gosbert, seigneur de la Rochepozay, Henri, Jourdain, Gautier, Pierre et Jehanne. Il fut enterré dans l'abbaye de Preuilly.

X. — GEOFFROY IV, baron de Preuilly, seigneur de la Guerche, chevalier-banneret, gouverneur du château du Bouchet en Brenne, délivra un grand nombre de chartes au profit des abbayes de la Merci-Dieu, de Preuilly et des chartreux de St-Jean du Liget. En 1222, il sanctionna par l'acte suivant un don que Jean du Pont, seigneur de Barrou, fief relevant alors de la Guerche, avait fait aux religieux de la Merci-Dieu :

(1) Coll. D. Hous. n° 7192.

« Universis presentes litteras inspecturis Gaufridus dominus
« Prulliaci salutem. Sciant omnes presentes litteras inspecturis
« quod Johannes de Ponte dedit et concessit ecclesiæ de Mise-
« ricordia Dei unum sextarium siliginis in terragio suo de
« Barro, ad festum B. Michælis annuatim habendum. Et ut
« hoc firmius haberetur, ad petitionem prædicti Johannis,
« presentem paginam sigilli mei munimine roboravi in tes-
« timonium et munimen. Actum anno Domini. M. CC. vicesimo
« secundo. »

Une note extraite par M. Salmon, d'un cartulaire de l'ar-
chevêché de Tours, conservé au British Museum, (coll. Lands-
downe, n° 349), nous apprend que Geoffroy de Preuilly était
homme lige de l'archevêque, sauve la foi qu'il devait au roi.
« Il reconnaît, dit le cartulaire, tenir de lui la châtellenie de
la Guerche avec ses dépendances, et à Lahaye, la rue de
Preuilly, et ce qui est sur cette rue. Il doit assister à la con-
sécration de l'archevêque, le porter avec les autres barons et
le fournir de pain pour le jour de l'intronisation. Il recevra
ses gages pour ses loyaux dépens et aura les nappes et le
reste du pain apporté dans la salle. »

Geoffroy IV de Preuilly laissa de Luce de N... cinq enfants:
Eschivard III, Jourdain, Pierre, Ysabeau, femme de Geoffroy
Payen, seigneur de Boussay et Jeanne. Il eut aussi un enfant
naturel, Geoffroy, qui est cité dans un acte de 1263.

XI. — ESCHIVARD III, baron de Preuilly, seigneur de la
Rochepozay et de la Guerche, fut convoqué au ban du roi
en 1242. Il fit son testament en 1263 (1) et mourut en 1265,
laissant d'Alis de Perey, sa seconde femme, Geoffroy V et
Eschivard qui se distingua dans les guerres de Flandre en 1302.

XII. — BEAUMONT (Jean de) chevalier, était seigneur de
la Guerche en 1300. Appelé à l'ost de Foix en 1271, il confessa

---

(1) On trouvera le texte de ce testament dans une brochure que nous avons publiée
et qui a pour titre : *Notes, fragments et documents pour servir à l'histoire de Touraine.*

devoir service au roi pendant quarante jours. Il était de la maison de Beaumont-Bressuire.

XIII. — GEOFFROY DE LA GUERCHE, chevalier, seigneur de la Guerche, vivait en 1301. Nous ignorons s'il était de la maison de Preuilly et comment la seigneurie de la Guerche vint en sa possession. Il avait un frère nommé Guillaume qui fut religieux et procureur-général dans l'abbaye de Preuilly. Ce dernier figure dans un acte du 20 juin 1328, par lequel les religieux de Preuilly cèdent à Guillaume Marin quatre sous de rente à prendre sur la maison de Trenezay, située devant le pont de la Guerche. Guillaume Marin, abandonne en échange le droit qu'il peut avoir à la possession de l'hébergement de la Bourgonnière, commune de Bossay.

Geoffroy de la Guerche eut trois filles; Jehanne qui épousa Thibaut Chateigner; Isabeau, femme d'Hardouin de la Porte, valet, et Letice de la Guerche.

XIV. — JEAN D'AMBOISE II était seigneur de la Guerche en 1325, et possédait en outre les terres d'Amboise, de Bléré, Chaumont, Montrichard, Bueil, etc. On suppose qu'il devint propriétaire de la Guerche par le mariage qu'il avait contracté avec Letice, fille de Geoffroy de la Guerche. Il est mentionné dans des titres de l'abbaye de Marmoutier en 1275--92. Ses enfants furent : Pierre I, seigneur d'Amboise, Hugues, seigneur de Chaumont, et Gilbert dit Guy d'Amboise, chantre de l'église de Tours, cité dans un compte de Pierre Chauvel, clerc des arbalétriers du roi, en 1347.

XV. — L'ILE-OGIER (Jean de), chevalier, possédait la châtellenie de la Guerche dès 1336. Il était fils de Barthélemy III, seigneur de l'Ile-Bouchard, et d'Eustache de Gençay. En 1327, il épousa Isabeau de Montbazon, fille de Barthélemy de Montbazon et en eut deux filles : Ysabeau, femme de Jean de Maillé, seigneur de Clervaux et de la Guerche, Jeanne qui fut mariée à Bonabes de Rougé et Eustache.

Dans le courant d'avril 1336, Jean de l'Ile-Ogier constitua une rente de quatre muids de froment au chapitre de Tours. En 1345, il reçut l'hommage de Macé du Chesne, écuyer, pour la terre du Chesne relevant de la Guerche. D'autres actes, de 1340-44-54, font mention de ce seigneur.

XVI. — MAILLÉ (Jean de), seigneur de Clervaux, fut propriétaire de la terre de la Guerche, du chef de sa femme Ysabeau de l'Ile-Ogier. Il mourut sans enfants avant 1368. En 1364 et 1365, Jean Fornier lui rendit hommage pour son hébergement de Buxeuil relevant du château de la Guerche.

XVII. — L'ILE-OGIER (Ysabeau de), après la mort de Jean de Maillé, son mari, prit le titre de dame et vicomtesse de la Guerche. Par une transaction dont la date nous est inconnue, elle avait cédé une partie de cette terre à sa sœur Jeanne, femme de Bonabes de Rougé. Elle reçut les aveux de Guy Guenant, seigneur des Murcins, le 1er septembre 1368, de Jean Fornier, seigneur de Buxeuil en 1376, et de Perot des Courtils pour la dîme de Barrou, le 3 juin 1382. Nous la voyons figurer en dernier lieu, dans un acte du 16 décembre 1397.

XVIII. — ROUGÉ IV (Bonabes de), chevalier, seigneur de Derval, Neuville, Rochediré, devint possesseur d'une partie du domaine de la Guerche, en raison de son mariage avec Jeanne de l'Ile-Ogier. Il fut fait prisonnier en 1356, à la bataille de Poitiers, en même temps que le roi Jean. S'étant racheté, il fut renvoyé en Angleterre pour être un des trente otages du roi. Bonabes de Rougé, mourut en 1377, laissant de Jeanne de l'Ile-Ogier, qu'il avait épousée en premières noces: Jean de Rougé I, Galhot, Jeanne et Eustache. D'un second mariage avec Jeanne de Maillé, dame de Clervaux, il eut Mahaut qui épousa Briand de la Haie-Jouslain, seigneur de Montcontour.

XIX. — ROUGÉ I (Jean de) chevalier, seigneur de la

Guerche, en partie, étant mort sans enfants vers 1380, sa succession échut à son frère Galhot.

XX. — ROUGÉ (Galhot de), chevalier, seigneur de la Guerche, en partie, Derval, Rochediré, Guemené-Penfant, épousa Marguerite de Beaumanoir, dont il eut : 1° Jean II, de Rougé, seigneur de la Guerche ; 2° Jeanne, femme d'Armel de Chateaugiron ; 3° Olive, mariée à Jean du Perrier, seigneur du Plessis-Balisson. Galhot de Rougé mourut avant 1388.

XXI. — THALENSAC (René de), chevalier, était seigneur de la Guerche en 1388. L'origine de cette possession nous est inconnue. Le 30 octobre 1388, il céda (le document que nous avons consulté ne dit pas à qui) « le droit d'un hommage-plain d'icelui que Pierre d'Escoubleau et ses auteurs avaient coutume de rendre au seigneur de la Guerche pour les terres de la Bruère, la Roche-Ravarit, la Denisière, la Ripaudière et la Roullière. »

XXII. — ROUGÉ II, (Jean de) seigneur de la Guerche, Derval, Guemené, etc., mourut le 8 février 1415, sans laisser d'enfants de son mariage avec Béatrix de Rieux, fille de Jean II, sire de Rieux et de Rochefort, maréchal de France, et de Jeanne de Rochefort. Il est cité avec le titre de vicomte de la Guerche dans un acte du 22 juin 1405.

XXIII. — CHATEAUGIRON (Patry de) chevalier, fils ainé d'Armel de Chateaugiron et de Jeanne de Rougé dont il a été parlé ci-dessus, hérita de la châtellenie de la Guerche et des autres biens de son oncle Jean II de Rougé, en 1415. Il mourut vers 1426, sans laisser d'enfants de Louise de Rohan, qu'il avait épousée en 1398.

XXIV. — FROTIER (Pierre), baron de Preuilly, vicomte de Montbast, seigneur d'Azay-le-Féron, le Blanc, Miserey, etc., aurait possédé la Guerche, d'après un titre du 29 juillet 1428. Dans ce titre, il prend les qualités de *seigneur et vicomte de la Guerche*, à cause de dame *Marguerite Pille*, sa femme. Il y a là évidemment une erreur de nom. La femme de Pierre Frotier se nommait Marguerite de Preuilly, et non Marguerite Pille. Elle contracta mariage avec Pierre Frotier le 6 août 1421, et mourut le 13 août 1445. On ignore d'où pouvaient provenir ses droits sur la terre de la Guerche (1).

XXV. — MALESTROIT (Geoffroy de), chevalier, seigneur de Malestroit et de Comboust, cousin de Patry de Châteaugiron, fut propriétaire d'une partie du domaine de la Guerche, du chef de sa femme Valence, sœur et héritière de Patry. Il mourut en 1440; ses enfants furent : Jean, qui suit ; Marguerite et Gillette. Valence, sa femme, était décédée le 7 septembre 1435. Geoffroy de Malestroit est cité dans des actes de 1440, du 10 juillet 1444, du 28 janvier et du 18 juin 1445.

XXVI. — MALESTROIT (Jean de), chevalier, seigneur de Derval et d'une partie de la vicomté de la Guerche en même temps que son père, rendit hommage au baron de Preuilly, pour sa terre de la Guerche, les 10 juillet 1444 et 28 janvier 1445. Voici le texte du dernier hommage :

« De vous très-noble et puissant seigneur, monseigneur de Preuilly, je, Jehan de Malestroit, chevalier, seigneur de Derval et de la vicomté de la Guerche, en Touraine, tiens et advoue à tenir de vostre dit chastel et chastellenie de Preuilly à foy et hommage-lige, et 12 l. 10 s. aux loyaux aides, et 12 jours de garde, mon dit lieu de la Guerche, chastel, ville, vicomté et chastellenie, ce 28 janvier 1445. »

Par acte du 21 mai 1448, Jehan de Malestroit et son père vendirent la terre de la Guerche à Nicole Chambes, au prix de 1100 écus d'or.

XXVII. — CHAMBES (Nicole), chevalier, écuyer d'écurie du roi, seigneur de la Guerche, était originaire d'Écosse. Par

---

(1) **Voir** mes *Recherches historiques sur l'ancienne baronnie de Preuilly*, brochure in-8°.

contrat du 19 octobre 1450, il revendit, moyennant 1000 écus d'or, les *ville, vicomté, chastel, chastellenie, terre et seigneurie de la Guerche, et ses appartenances* à André de Villequier, seigneur de St-Sauveur-le-Vicomte.

XXVIII. — VILLEQUIER (André de), chevalier, vicomte de la Guerche, seigneur de St-Sauveur-le-Vicomte, Montrésor, Etableaux, Menetou-Salon et de l'Ile-d'Oléron, fit son testament le 15 juin 1454, et mourut à Preuilly le 1er juillet suivant, laissant, de son mariage avec Antoinette de Maignelais, fille de Jean de Maignelais II et de Marie de Jouy, deux enfants, Artus et Antoine de Villequier.

Par acte passé à Chissé, en juin 1450, et dans lequel est mentionné André de Villequier, Pierre Frotier, baron de Preuilly, et Prégent, son fils, cédèrent au roi Charles VII, pour être réuni au duché de Touraine, l'hommage des devoirs seigneuriaux de la Guerche. En échange, le roi accorda à Frotier le droit de haute, moyenne et basse justice pour la terre de Melzéart. Les lettres suivantes, délivrées par Charles VII, au Bridoré, le 17 septembre 1454, confirmèrent les dispositions de l'acte de juin 1450, qui ne fut enregistré à Tours que le 26 mars 1452 :

« Charles, par la grâce de Dieu, roy de France, à tous ceulx qui ces présentes lettres verront, salut. Comme nostre amé et féal conseiller, et chambellan, Pierre Frotier, seigneur de Preuilly et de Melzéart, tant en son propre et privé nom, que comme ayant le bail, garde, gouvernement et administration de Prégent Frotier, son fils, et de feue Marguerite de Preuilly, damoiselle jadis sa femme, et iceluy Prégent avec l'otorité de son dict père, nous ayant cedé, transporté, quitté, delaissé et remis à perpétuité pour eulx et chacun d'eulx, et pour leurs hoirs, et qui d'eulx et chacun d'eulx auront cause tout le droit d'hommaige, serment de feaulté, ressort, justice et jurisdiction, exige, droit de fief, avec tous les hommes, services, logences et aultres droits, devoirs et redevances quelconques que les dits Pierre Frotier et Prégent, son fils, et chacun d'eulx avaient et avoir pouvaient, et debroient, et qui pour le temps à venir leur peut ou compéter et appartenir à cause de la seigneurie de Preuilly ou aultrement, en et sur les vicomté, terre et seigneurie, ville, chastel et chastellenie de la Guierche, en Touraine, par avant tenue à foy et hommage de la dite seigneurie de Preuilly, sans rien y réserver ne retenir à eulx, aulcun d'eulx, à leurs hoirs ne à la dite seigneurie de Preuilly, en quelque manière que ce soit ; et s'en sont devestis et dessaisis en nos mains, et nous en ayant vestu, et saisi, et voulu, et consenti expressément que le dit hommage et aultres droits et redevances quelconques qu'ils avaient sur la vicomté de la Guierche fussent et soyent perpetuellement unis et consolidez à nostre domaine et directe seigneurie du duché de Touraine, tant par la considération de plusieurs bienfaits et adventages que nous avons fait au dit Pierre Frotier et aultres prédécesseurs du dit Prégent, et qu'ils espéraient encore que leur ferions mesmement au dict Prégent pour le temps advenir que aussi par ce et afin que avons donné et octroyé aux dicts Pierre Frotier et Prégent, son fils, et aulx leurs droits, puissance et auctorité d'avoir tenir et exercer perpétuellement la haulte justice et juridiction moyenne et basse en la dicte terre de Melzéart, appartenant au dict Pierre Frotier, tenue de nostre très-cher et très-aimé frère, et cousin Charles, comte du Maine, à cause de sa seigneurie de Melle, en laquelle la dicte terre de Melzéart est assise.

« Nous, considérant que l'acquisition des dicts hommaige, droicts et devoirs seigneuriaux et féodaux de la vicomté de la Guierche sont bien seans et prospères à nous et à nos successeurs de nostre duché de Touraine, ainsi que en ce les droicts seigneuriaux de la d. terre et baronnie de Preuilly sont diminués et amoindris, voulant descharger le scrupule de conscience que en ce nous et nos successeurs y pourrions faire, ayant mesmement regard à ce que les dicts Pierre

Frotier et Prégent, son fils, nous ont libéralement transporté le dict hommaige pour nous complaire en espérance des bienfaits que leur ferions pour le temps advenir; afin que qu'ils ne soient deffraudés de leur intention et pour toujours mieux les récompenser des d. droicts et hommaiges à nous transportés, en deschargeant nostre conscience, à iceulx Pierre Frotier et Prégent, son fils, avons promis et promettons par ces présentes leur faire payer et bailler des deniers de nos finances la somme de six mille escus d'or en troys années; c'est à savoir deux mille escus sur nos finances de l'année qui commencera le premier jour d'octobre prochain, venant autres deux mil escus sur nos finances de l'année commençant au dit mois d'octobre, l'an MCCCCLV, et les autres deux mil escus sur nos finances de l'année qui commencera à semblable mois d'octobre MCCCCLVI, en accroissement, recompensation et achapt du dict hommaige, pour tant qu'ils n'en auraient esté bien et dument recompensez, pour icelle somme de 6000 escus d'or employés et convertis en accroissement et amélioration de la dicte terre et seigneurie de Preuilly et des appartenances d'icelle ou aultrement, en accroissement des terres, seigneurie et revenu du dict Prégent Frotier, et tout ce que de la dicte somme de 6000 escus serait acquis sera le propre domaine et héritage du dict Prégent, sans que le dict Pierre Frotier en puisse par testament simple, ordonnance faicte entre vifs, ou aultrement ordonner ni disposer. En tesmoing de ce nous avons ces présentes signées de nostre main, et faict sceller de nostre scel. — Donné au Breuil-Doré, le XVIIIe jour de septembre, l'an de grâce mil quatre cent cinquante et quatre, et de nostre règne le 32e. — Ainsi signé : CHARLES. Par le roy : S. DE LA LOUÈRE. »

XXIX. — VILLEQUIER (Artus de), hérita de la terre de la Guerche. A la suite de difficultés qu'il eut avec Antoine, son frère, un arrêt du Parlement, du 24 juillet 1489, décida qu'Artus de Villequier, l'aîné, prendrait la moitié des domaines de la Guerche, d'Étableaux et de Montrésor, *avec les manoirs principaux*, et qu'Antoine aurait l'autre moitié, mais sans aucun droit sur les manoirs. Il résultait de là qu'Artus de Villequier, étant seul seigneur châtelain, avait seul qualité pour recevoir les hommages féodaux. Pendant la minorité d'Artus et d'Antoine, leur mère, Antoinette de Maignelais, eut l'administration de la terre de la Guerche. Le 25 septembre 1455, elle reçut l'hommage de N... d'Aloigny pour son hôtel de Minviel, situé paroisse d'Oiré, en Poitou. En 1461, le 13 janvier, elle-même, comme ayant le bail et garde-noble de ses enfants, rendit aveu au roi, en la personne du duc de Bretagne, pour la terre de la Guerche et ses dépendances.

Dans un titre du 23 janvier 1465, Antoinette de Maignelais est qualifiée de vicomtesse de la Guerche et de St-Sauveur, dame de Montrésor, d'Étableaux et de Maignelais.

Artus de Villequier figure, sous le titre de vicomte de la Guerche, dans des actes des 15 octobre et 15 décembre 1478, 1484, 28 juillet 1493, 19 décembre 1501, et 22 août 1505. De son mariage avec Marie de Monberon naquit un fils, Jean-Baptiste, qui posséda après lui la vicomté de la Guerche.

XXX. — VILLEQUIER (Antoine de), chevalier, seigneur de la Guerche, en partie, de Menetou-Salon, vicomte de St-Sauveur, conseiller et chambellan du roi, mourut en 1490, laissant, de son mariage avec Charlotte de Bretagne, un fils unique, François de Villequier.

XXXI. — VILLEQUIER (François de), chevalier, seigneur de la Guerche, en partie, de Montrésor, Escoubleau, Reschou, etc., est mentionné dans un arrêt du Parlement, le 4 septembre 1490 ; il mourut en bas âge, et sa succession échut à Jean-Baptiste de Villequier.

XXXII. — VILLEQUIER (Jean-Baptiste de), chevalier, vicomte de la Guerche, seigneur de St-Sauveur, Étableaux,

Chanceaux, Oléron, etc., épousa, en premières noces, Jacqueline de Miolans, qui décéda à la fin de l'année 1518, et fut enterrée dans l'église paroissiale de Saint-Marcellin de la Guerche, devant le grand-autel. Son testament, dont nous allons donner le texte, est daté du 17 septembre 1518 :

« *In nomine Patris et Filii et Spiritus sancti, amen.* — Jésus, je, Jacqueline de Myolans, après avoir demandé congié à mon mary de faire mon testament, saine d'entendement, detenue de maladie, considérant les calamités de ce monde, fait et ordonne mon testament en la forme et manière qui s'ensuit : Primo, je recommande mon âme à Dieu et à Nostre-Dame, et à toute la cour célestielle du Paradis ; et quand ma dicte âme sera séparée de mon corps, que mon dict corps soit en l'église de la Guerche, devant le grand-autel de monsieur saint Marcellin..

« Item, je veux et ordonne qu'il soit dit et célébré pour mon âme et de mes amis trespassés douze mille messes ; item, je veulx et ordonne qu'il soit dit et célébré perpétuellement sept messes par chacune sepmaine en la dite église du dit lieu de la Guerche, sçavoir, en le dimanche du jour, le lundi, mardi, mercredi des trespassés, le jeudi de saint Jean-Baptiste, le vendredi des Cinq Plaies de Nostre-Seigneur, et la samedi de la Conception Nostre-Dame, lesquelles messes je ordonne estre dites à la discrétion de mes exécuteurs, par telles personnes qu'ils verront estre à faire, et de ce faire les supplie et requiers qu'ils en veuillent faire les fondations necessaires à ce que en l'avenir mon intention soit accomplie. Item, je veux et ordonne qu'il soit baillé à Claude Goulard, pour ses services, cent escus, et pour demye année qu'il reste de ses services, dix escus. Item, je donne à Mademoiselle de la Cherrière la somme de cent escus pour les services qu'elle m'a faits, en ce comprins les services que je luy devays. Item, je veux qu'il soit baillé à monsieur de la Cherrière son espoux, la somme de 20 livres tournois, que je lui dois du reste de ses services ; item, je veux et ordonne que ma robe de damas, fourrée de martres, soit baillée à la dite dame Cherrière, les dites martres ôtées.

« Item, je donne à Claudine ma robe de ...., qui est fourrée de martres, les dites martres ôtées ; aussi à la dite Claudine ma robe de velours tanné et la somme de cent escus une fois baillés. Item, je donne à Guyanne ma robe de satin tanné, fourrée de martres, en ostant les dites martres ; aussi donne à la dite Guyanne la somme de 300 escus une fois baillés. Item, je dois à Morin, mon serviteur, la somme de 25 livres qu'il m'a prêtée, et 25 escus que je ordonne lui estre baillés ; item, je donne à Guillaume de la Mardelle, serviteur de M. de St-Sauveur, mon espoux, trois escus pour les services qu'il m'a fait ; item, je veux et ordonne qu'il soit payé à messire Charles Gaultier la somme de 78 escus, sols qu'il m'a prêtée pour mes affaires et pour un diamant qu'il a engaigé de moy soit retiré. Item, je veulx et ordonne qu'il soit dit et célébré, au lieu où sont enterrés ma feue mère et monsieur du Périer, quatre messes pour chacune sepmaine, chacun deux messes perpétuellement, et sera prins l'argent de la fondation des dites quatre messes sur les arrérages de 300 l. de rente que monsieur de Laval me doit.

« Item, je donne une cotte de satin broché, et une robe qui était à ma feue mère, pour faire des ornements à l'autel auquel sera la dite fondation ; aussi donne un icel brochel au dit autel, pour le parer. Item, je veux qu'il soit payé à messire Antoine Bailleteau, prestre, six escus sols qu'il m'a presté, et à Jeanne Baudé six escus sols, et à Julian Bouteiller quatre escus, qu'ils m'ont presté. Item, tout ce present mon testament je ratifie et approuve l'appointement faist avec messieurs mon beau-père et belle-mère, et mon mary, par cy devant, et veux que le dit appointement este son effect. Item, je veux et ordonne les choses susdites, et ce présent mon testament estre payées, exécutées et accomplies sur la somme de douze mille livres restant des deniers que j'ay reçus de messire Jacques de Beaune, depuis mon mariage, pour ce que la dite somme n'a encore esté convertie en acquest et héritages, et icelle veux estre censée et réputée pour meuble, en faveur de l'accomplissement de ce présent mon testament et autrement, selon ma disposition et debtes payées, si aucunes sont trouvées estre par moy deues, et le dit testament accompli, le reste si aucun y a, je le donne à mon dit mary perpétuellement, si mon fils René allait de vie à trespas devant lui.

« Item, je eslis mes exécuteurs madame ma belle-mère et monsieur mon mary, auxquels je baille mes terres pour faire et parfaire mon dit testament, fait es présences de nobles hommes Gilles de la Broise, Estienne Morin et maistre Baptiste, médecin, et plusieurs autres, le 17e jour de septembre, l'an 1518. En tesmoing de vérité j'ay fait signer mon dit présent testament et dernière volonté aux notaires ci-dessous escripts, les jour et an que dessus. »

En 1519, Jean-Baptiste de Villequier désigna un grand nombre de prêtres pour la célébration des messes fondées par Jacqueline de Miolans; et cinq ans après, il leur assigna 50 livres de rente sur les greffe et tabellionnage de la vicomté de la Guerche.

D'un premier mariage contracté avec Jacqueline de Miolans, Jean-Baptiste de Villequier eut un fils, René, qui mourut avant 1520.

Jean-Baptiste de Villequier épousa en secondes noces, suivant contrat passé le 28 mai 1519, Anne de Rochechouart, dame d'Étableaux, dont il eut Claude, baron de Villequier et vicomte de la Guerche; René, qui posséda aussi plus tard ces mêmes terres, et Jacqueline, femme de Claude Savary, seigneur de Lancosme.

XXXIII.— VILLEQUIER (Claude de), baron de Villequier, vicomte de la Guerche, seigneur d'Aubigny et d'Eury, chevalier de l'ordre du Saint-Esprit, gouverneur de Paris, fit son testament le 14 avril 1595. De son mariage avec Renée d'Appelvoisin, fille de Guillaume d'Appelvoisin, seigneur de la Rochedumaine, et d'Anastasie de la Béraudière, il eut Georges, qui jouit de la vicomté de la Guerche du vivant de son père.

XXXIV. — VILLEQUIER (Georges de), vicomte de la Guerche, chevalier des ordres du roi, mourut en 1591, sans laisser d'enfants de son mariage avec Louise Jay, dame de Boisseguin. Sa succession échut à René de Villequier, son oncle.

On attribue à Georges de Villequier le meurtre commis à Bourgueil, en 1571, sur la personne de Philibert de Voyer, seigneur de Lignerolles, près Séez, en Normandie, favori du duc d'Anjou. Si l'on en croit l'auteur des *Pièces fugitives de l'Histoire de France*, (t. I, part. 1re, 1759), Philibert de Voyer aurait été tué pour avoir divulgué le secret de la Saint-Barthélemy (1).

XXXV. — VILLEQUIER (René de), dit le Jeune et le Gros, chevalier, vicomte de la Guerche, seigneur de Clervaux, Eury, Aubigny, etc., épousa en premières noces Françoise de la Marck, et en secondes Louise de Savonnières. Du premier lit vint Charlotte-Catherine, femme de François d'O, seigneur de Fresnes, et du second, Claude de Villequier. Louise de Savonnières, après la mort de René de Villequier, se remaria à Martin, seigneur du Bellay et prince d'Yvetot.

XXXVI. — VILLEQUIER (Claude de), chevalier, vicomte de la Guerche et baron de Villequier, mourut en 1604, à Fontainebleau, à l'âge de dix-neuf ans. Toutes ses propriétés, y compris celle de la Guerche, passèrent aux mains de Charlotte-Catherine, sa sœur, alors veuve de François d'O.

---

(1) Philibert de Voyer était fils de Jean de Voyer, seigneur de Lignerolles, et de Jeanne de Sormont. Il avait épousé Anne Cabriaux, fille d'Emilio Cabriaux, seigneur Mantouan et d'Étiennette de Plantis, dont il eut Catherine de Voyer, mariée à René du Bellay, seigneur de la Flotte.

XXXVII. — AUMONT (Jacques d'), baron de Chappes, seigneur de Cors, en Berry, et de Clervaux, en Poitou, devint vicomte de la Guerche par son mariage avec Charlotte-Catherine de Villequier, veuve de François d'O. Il mourut à Paris, le 14 juillet 1614, laissant : 1° César, marquis de Clervaux et vicomte de la Guerche ; 2° Antoine, duc d'Aumont, marquis d'Isles, pair et maréchal de France, gouverneur et lieutenant-général de Paris, mort dans cette ville, le 11 janvier 1669 ; 3° Roger, évêque d'Avranches, mort en 1652 ; 4° Charles, marquis d'Aumont, lieutenant-général des armées du roi, mort à Spire, d'une blessure qu'il avait reçue au siége de Landau (1644) ; 5° Jacques-Emmanuel, seigneur d'Aubigny et Faye, mort en 1643 ; 6° Anne, mariée en premières noces à Antoine Potier, seigneur de Sceaux, et en secondes à Charles, comte de Lannoy.

Jacques d'Aumont obtint des lettres-patentes d'Henri IV, par lesquelles ce prince lui fit remise des rachapts et profits de la terre de la Guerche, le 31 mai 1607 ; ces lettres furent confirmées par Louis XIII, le 28 août 1610. Un procès-verbal de cette année, dressé par le lieutenant-général de Touraine, nous apprend que la vicomté de la Guerche rapportait alors, toutes charges payées, 3,000 livres de rente.

XXXVIII. — AUMONT (César d'), baron de Chappes, marquis d'Aumont et de Clervaux, vicomte de la Guerche, seigneur d'Ivry-les-Châteaux, conseiller du roi et chevalier de ses ordres, fut pourvu du gouvernement de Touraine après la démission de Charles de l'Aubespine, marquis de Châteauneuf, en juin 1650. Il mourut à Paris, le 20 avril 1661. En premières noces, il avait épousé Renée Aux-Espaules, dite de Laval, fille de René Aux-Espaules, marquis de Nesle ; et en secondes, Marie Amelot, fille de Jacques Amelot, seigneur de Carnetin, président ès-requêtes du palais. Il n'eut pas d'enfants du premier lit ; du second sont issus : 1° Jean-Jacques, mort le 10 avril 1657 ; 2° N...., mort jeune ; 3° Anne, religieuse ; 4° Anne, dite la Jeune, femme de Gilles Fouquet, écuyer de la grande écurie du roi ; 5° Marie, religieuse ; 6° Élisabeth, morte le 28 novembre 1668 ; 7° Charlotte, décédée le 7 novembre 1723 ; 8° Radégonde.

En 1624, César d'Aumont obtint une ordonnance royale qui le déchargeait des frais auxquels il était obligé pour l'achèvement du pont de la Guerche, et qui prescrivait la mise en adjudication des ouvrages restant à faire. Voici le texte de cette ordonnance :

« Louis, par la grâce de Dieu, roy de France et de Navarre, à nos amez et féaulx conseillers les présidents et trésoriers généraux de France, au bureau de nos finances estably à Tours, salut : suivant aveu, dont l'extrait est cy attaché soubz le contre-scel de nostre chancellerie, ce jourdhuy donné en nostre conseil d'Estat sur la requeste à nous présentée en iceluy par nostre cher et bien amé Cezard d'Aumont, chevalier, baron de Chappes, mestre de camp d'un régiment par nous entretenu de gens de guerre à pied françaîs, pour le décharger des frais dont est obligé pour l'adjudication du pont de la Guerche, attendu la grande despense qu'il faut faire pour achever la construction du dit pont. A ces causes nous vous mandons et ordonnons procéder au bail au rabais et moings disant des ouvrages qui restent à faire pour la construction du dit pont de la Guerche, pour, sur votre procès-verbal d'adjudication rapporté en nostre conseil y estre par nous faict droit ainsy que de raison, de ce faire nous vous donnons pouvoir, authorité et commission, car tel est nostre plaisir. Donné au camp devant la Rochesle, le 9ᵉ jour d'août, l'an de grâce 1624, et de nostre règne le 19ᵉ — Par le roy en son conseil, signé : JOUANNE. »

XXXIX. — FOUQUET (Gilles), marquis de Mézières, premier écuyer de la grande écurie du roy, devint seigneur et vicomte de la Guerche par son mariage avec Anne d'Aumont, dite la Jeune. Celle-ci, le 8 juin 1680, rendit hommage au roi pour le domaine de la Guerche; voici un extrait de l'acte qui fut dressé à cette occasion :

« Du roy mon souverain seigneur, nous, Anne d'Aumont, épouse séparée de biens, et procédant sous l'authorité de maistre Gilles Foucquet, chevalier, cy-devant premier escuyer de la grande escurie de Sa Majesté, marquis de Clervaux et vicomte de la Guerche, reconnaissons et avouons tenir à foy et hommage-lige, au devoir de 12 livres 10 sols de loyaux aides, de 12 jours de garde au chastel de Tours, quand le cas y eschoit ; c'est assavoir, mon lieu, chastel, forteresse, ville, vicomté, chastellenye de la Guerche, situé sur ma rivière de Creuse, avec tous les domaines y tenus, droits à cause de son dit chastel et duché de Touraine, consistant mon dit chastel en plusieurs édifices, salles, chapelles.

« Plus ma dite ville de la Guerche entourée de murs et fossés, et les droits y attribués avec trois faubourgs de la Petite-Guerche, du cimetière et du dit toute justice, haute, moyenne et basse,.......... avec la connaissance des cas concernants les eaux et forests de madite vicomté et ses dependances, mes foires dudit lieu de la Guerche, qui se tiennent chacun an les jours de St-Vincent, St-Bry, St-Marcellin d'été, St-Mathieu et Ste-Marguerite, avec les droits qui m'en sont passés pour estalage, plassage, aulnage, mesures, entrée et forchée.

« Plus mes marchés, chacun mardi de l'année.

« Mon droit de billette et de péage de la Guerche que je lève à Barrou, au port de Lésigny et ailleurs, branches de madite péagerie de madite ville, vicomté et seigneurie, tant par eau que par terre.

« Plus ma prévôté et sceaulx à contracts, dont il m'est payé pour chacun 2 sols 6 deniers.

« Plus ma boucherie jurée dudit lieu, ville, vicomté, chastellenie de la Guerche; tous ceux qui prennent femme en ma dite ville, terre et seigneurie, fiefs et arrière-fiefs, et sont mariés dans le mois qui précède la feste de la Trinité, sont tenus de se trouver en personne, sous assignation, ledit jour audit lieu de la Guerche, et de courir trois fois sur ma rivière de Creuse à force de nacelle ou de chalan, et faire la même chose que les meusniers contre le pouteau ou quientaine, et à deffaut de se rendre ledit jour doivent chacun d'eux l'amende d'une livre de cire ou la valeur. Les ports de la Guerche, Meré-le-Gaullier, de Leugny-sur-Creuse et de Rives appartiennent au seigneur de la Guerche.

« Plus la forest de la Guerche, laquelle était anciennement de une lieue de long, et demie de large, et à présent, seulement une lieue et demie de circvit.

« Les églises paroissiales de la Guerche, Barrou, Meré-le-Gaullier et Buxeuil; plus le prieuré de St-Marcellin de la Guerche est tenu de ma dite vicomté en franche aumône et au divin service, qui est de dire en l'église de la Guerche l'office et la grande messe aux quatre festes solennelles, la messe matutinale et assister au service du jour, consistant le domaine dudit prieuré.

« Plus le prieuré de St-Maurice de Barrou, tenu en franche aumosne, et au même service que celui de la Guerche, en l'église dudit lieu de Barrou.

« Le prieuré de St-Silvain de Meré-le-Gaullier, tenu en franche aumosne et au service divin.

« Le prieuré de Nostre-Dame de Prélong, situé près de la ville de la Guerche, en la paroisse de Leugny-sur-Creuse, sujet au service divin d'une messe chacune semaine, et les jours et festes de Nostre-Dame.

« Le prieuré de Marchais-Rond, en la paroisse de St-Remi, aussi tenu en franche aumosne et divin service de madite vicomté, consistant en chapelle, maisons.

« Le prieuré de Nostre-Dame de Vaugibaut, en la paroisse de Buxeuil, aussi tenu de moi au divin service, et dépendant de madite vicomté par moyen et sous l'hommage qui m'est fait à cause du fief et seigneurie de Buxeuil.

« Tous lesquels prieurés étaient anciennement conventuels, et la collation en appartient à mesdits prédécesseurs, qui l'ont depuis donnée, sçavoir : les quatre premiers au sieur abbé de Preuilly, et des deux autres au sieur abbé de Maillezais, et n'ont aucun des prieurs desdits prieurés sur leur domaine ni sur ceux tenus à leurs rentes aucun fief ni juridiction ni autres droits seigneuriaux.

« La fondation, droits de patronnage et de collation des chapelles fondées en madite église de la Guerche par Artus de Villequier et Jacqueline de Miolans, femme de Baptiste de Villequier.

« La fondation et droit de patronnage et collation de la chapelle de Nostre-Dame fondée en ladite église par messire Charles Gaultier, prêtre; plus mon collége de ma ville de la Guerche, fondé par dame Charlotte-Catherine de Villequier, mon ayeule, et veuve de Jacques d'Aumont, chevalier, et confirmé par M. César d'Aumont, mon père. »

En 1691, Gilles Fouquet et sa femme vendirent la Guerche à Charlotte d'Aumont, leur belle-sœur et sœur. Gilles Fouquet mourut le 9 juin 1694, sans laisser d'enfants. Il était fils de François Fouquet, maître des requêtes, et de Marie de Meaupeou.

XL. — AUMONT (Charlotte d'), vicomtesse de la Guerche, fille de César d'Aumont, marquis de Clervaux, et de Marie Amelot de Carnetin, était née en 1655. En 1709, elle vendit la terre de la Guerche à Georges du Theil de Marigny, et mourut sans s'être mariée, le 7 octobre 1723.

XLI. — THEIL DE MARIGNY (Georges du), chevalier, vicomte de la Guerche, eut un fils, Jean-André, qui lui succéda vers 1720.

XLII. — THEIL DE MARIGNY (Jean-André du), chevalier, vicomte de la Guerche, vendit cette terre, vers 1725, à François-Hélie de Voyer d'Argenson, archevêque de Bordeaux.

XLIII. — VOYER D'ARGENSON (François-Hélie de), archevêque de Bordeaux, abbé de St-Pierre de Preuilly et de Relecq, conseiller d'État, vicomte de la Guerche, était né le 22 septembre 1656; il mourut le 25 novembre 1728, laissant, par testament, à Marc-Pierre de Voyer, comte de Vueil-Argenson, son neveu, la terre de la Guerche et ses dépendances. François-Hélie de Voyer était fils de René de Voyer, seigneur d'Argenson, et de Marguerite Houlier de la Poyade.

XLIV. — VOYER (Marc-Pierre de), comte de Vueil-Argenson, vicomte de la Guerche, baron des Ormes-St-Martin et de Marmande, seigneur de Villantrois, né le 16 août 1696, fut fait intendant de Tours le 18 février 1721; chancelier garde-des-sceaux et grand-croix de l'ordre de St-Louis, au mois de juin suivant; lieutenant-général de police de Paris, le 26 avril 1722, et ministre de la guerre en janvier 1743. Il mourut à Paris, en 1765. Le 24 mai 1719, il avait épousé Jeanne Larcher, fille de Pierre Larcher, chevalier, seigneur de Pocancy, conseiller au parlement de Paris, et d'Anne-Thérèse Hubert du Buc, dont il eut : 1° Marc-René, qui suit ; 2° Louis-Auguste, né le 13 février 1725, mort dans la guerre d'Allemagne.

XLV. — VOYER DE PAULMY (Marc-René de), marquis de Voyer, comte d'Argenson, vicomte de la Guerche et de Saralbe, baron des Ormes-St-Martin et de Marmande, naquit le 20 septembre 1722. D'abord brigadier du régiment royal de Berri-cavalerie (1745), il se distingua l'année suivante à la bataille de Fontenoy. Il devint, un peu plus tard, lieutenant-général du gouvernement d'Alsace, maréchal-de-camp, inspecteur de cavalerie, directeur des haras, lieutenant-général des armées du roi et gouverneur des châteaux de Vincennes et de Loches.

Le marquis de Voyer, mort le 18 septembre 1782, avait épousé, le 10 janvier 1747, Jeanne-Marie-Constance de Mailly-d'Haucourt, fille de Joseph-Auguste, comte de Mailly, maréchal de France, et de Constance Colbert de Torcy. De ce mariage sont issus : 1° Marc-René-Marie, qui suit ; 2° Marie-Marc-Aline, née le 14 juillet 1764, mariée à Paul, comte de Murat, et décédée le 17 janvier 1812 ; 3° Pauline, femme de Guy-Anne-Louis, comte de Laval-Montmorency ; 4° Marie-Joséphine-Constance, mariée au comte Frédéric de Chabannes-Curton.

XLVI. — VOYER D'ARGENSON (Marc-René-Marie de), dernier seigneur de la Guerche, comte d'Argenson, vicomte de Saralbe, grand-bailli de Touraine, baron de l'Empire, officier de la Légion-d'honneur, préfet des Deux-Nèthes (1809), mourut à Paris, le 1er août 1842.

Il avait épousé, en 1795, Sophie de Rosen-Kleinroop, veuve du prince de Broglie et fille d'Eugène-Octave-Augustin, comte de Rosen, et de Marie-Antoinette d'Harville des Ursins de Tresnel. De ce mariage sont issus :

1° Charles-Marc-René de Voyer, marquis d'Argenson, ancien membre du conseil général du département de la Vienne, membre de la Société archéologique de Touraine et de la Société des antiquaires de l'Ouest, né le 20 avril 1796.— (M. le marquis d'Argenson a épousé en 1821, Anne-Marie, fille de Mathieu Faure, député de la Charente-Inférieure, et d'Anne Delamain, dont : 1° René, né le 2 juin 1836 ; 2° Laure, femme de M. Enguerrand, vicomte Randon de Pully, morte le 23 septembre 1852 ; 3° Élisabeth-Aline, née à Paris, le 25 juillet 1826 et mariée le 16 juin 1845, à M. Rodolphe-Auguste-Louis-Maurice, comte d'Ornano, ancien préfet de l'Yonne, premier maitre des cérémonies de l'Empereur (1) ; 4° Marie ; 5° Amélie,

---

(1) Ornano porte : *écartelé ; aux 1 et 4 de gueules, à la tour donjonnée d'or ; aux 2 et 3 d'or au lion de gueules ; sur le tout : coupé au premier, parti d'azur à l'épée d'or et d'hermines ; au 2e de gueules, au griffon essorant d'or.*

mariée le 6 juillet 1852, à M. Auguste-Benjamin, comte de Clervaux).

2° Pauline, morte le 2 avril 1806, à l'âge de seize ans ;

3° Sophie, femme de M. Fortuné Reynaud, baron de Lascours, général de division ;

4° Victorine, mariée à M. André-Rodolphe-Claude-François-Siméon, comte de Croy ;

5° Élisabeth, mariée le 6 septembre 1827, à M. Pierre-René-Gustave Fournier de Boizerault d'Oyron, et décédée le 16 octobre 1847 (1).

ARMORIAL DES SEIGNEURS ET DAMES DE LA GUERCHE.

Maison de Preuilly : *d'or à trois aigles éployées d'azur, 2, 1.*

Alençon (Robert III d') : *d'argent à trois chevrons de gueules.*

Chateaudun (Geoffroy de) : *de... au chef de...*

Beaumont (Jean de) : *de gueules à l'aigle d'or, à l'orle de 9 fers de lance d'argent.*

Guerche (Geoffroy de la) : *de gueules à trois lions d'argent, 2, 1.*

Amboise II (Jean d') : *pallé d'or et de gueules de six pièces.*

Ile-Ogier (Jean de l') : *de gueules à trois léopards d'or, 2, 1.*

Montbazon (Isabeau de), femme de Jean de l'Ile-Ogier : *de gueules à un lion d'or couronné d'azur.*

Maillé (Jean de) : *d'or à 3 fasces nébulées de gueules.*

Rougé (de) : *de gueules, à la croix pattée d'argent.*

---

(1) **Fournier de Boizerault d'Oyron** porte : *d'azur, à la bande engrelée d'or, accompagnée de deux étoiles d'argent, une en chef, l'autre en pointe.*

Beaumanoir (Marguerite de), femme de Galhot de Rougé : *d'azur à 11 billettes d'argent, 4, 3, 4.*

Rieux (Béatrix de), femme de Jean II de Rougé : *d'azur à 10 besans d'or, 3, 3, 3, 1.*

Thalensac (René de) : *d'argent à l'aigle éployée de gueules.*

Chateaugiron (de) : *d'or au chef d'azur.*

Rohan (Louise de), femme de Patry de Châteaugiron : *de gueules à 9 macles d'or.*

Malestroit (de) : *de gueules à 9 besans d'or, 3, 3, 3.*

Chambes (Nicole) : *d'azur, semé de fleurs de lis d'argent, au lion de gueules brochant sur le tout.*

Frotier (Pierre) : *d'argent au pal de gueules accosté de 6 losanges de même.*

Villequier (de) : *de gueules, à la croix fleurdelisée d'or, cantonnée de 4 billettes de même.*

Maignelais (Antoinette de), femme d'André de Villequier : *d'argent à 3 lions de sable, armés, lampassés et couronnés d'or ; et en cœur, un écusson d'azur chargé d'une fasce d'or accompagnée de 6 billettes de même.*

Bretagne (Charlotte de), femme d'Antoine de Villequier : *d'hermine.*

Montberon (Marie de), femme d'Artus de Villequier : *fascé d'argent et d'azur de 6 pièces.*

Miolans (Jacqueline de), première femme de Jean-Baptiste de Villequier : *bandé d'or et de gueules de 6 pièces.*

Rochechouart (Anne de), deuxième femme de Jean-Baptiste de Villequier : *fascé ondé d'argent et de gueules de 6 pièces.*

Appelvoisin (Renée d'), femme de Claude de Villequier : *de gueules à une herse d'or de 2 traits.*

JAY (Louise), femme de Georges de Villequier : *d'azur à l'aigle d'or cantonnée de 3 aigles de même, et un soleil d'or au franc-quartier.*

MARCK (Françoise de la), première femme de René de Villequier : *d'or, à la fasce échiquetée d'argent et de gueules de trois traits; au lion issant de gueules en chef.*

SAVONNIÈRES (Louise de), deuxième femme de René de Villequier : *de gueules à la croix d'argent frettée d'azur.*

AUMONT (d') : *d'argent au chevron de gueules accompagné de 7 merlettes de même, 4, 3.*

AUX-ESPAULES (Renée), première femme de César d'Aumont : *de gueules à une fleur de lis d'or.*

AMELOT (Marie), deuxième femme de César d'Aumont : *d'azur à 3 cœurs d'or, surmontés d'un soleil de même.*

FOUQUET (Gilles) : *d'argent à l'écureuil rampant de gueules.*

THEIL DE MARIGNY (du) : . . . . .

VOYER DE PAULMY-D'ARGENSON (de) : *écartelé; aux 1 et 4 d'azur, à 2 léopards d'or couronnés de même, armés et lampassés de gueules,* qui est de Voyer ; *aux 2 et 3 d'argent à la fasce de sable,* qui est d'Argenson ; *et sur le tout* (par concession de la république de Venise), *le lion de St-Marc, ailé, assis, d'or, tenant l'épée nue, et le livre ouvert d'argent, sur lequel sont écrits ces mots :* Pax tibi Marce.

LARCHER (Anne), femme de Marc-Pierre de Voyer : *d'azur au chevron d'or, accompagné de 2 roses d'argent en chef, et d'une croix patriarcale de même en pointe.*

MAILLY (Jeanne-Marie-Constance de), femme de Marc-René de Voyer : *d'or à 3 maillets de sinople, 2, 1.*

ROSEN-KLEINROOP (Sophie de), femme de Marc-René-Marie de Voyer-d'Argenson : *d'or à 3 roses de gueules, 2, 1.*

CROY (de), propriétaire actuel du château de la Guerche : *fascé d'argent et de gueules de 8 pièces.*

FIEFS RELEVANT DE LA GUERCHE.

AVAILLES, paroisse de Coussay-les-Bois ; foi et hommage-lige au devoir d'un cheval de service évalué 60 sols, à mutation de seigneur et au tiers de 60 sols aux loyaux aides.

BARROU (grande dîme de) ; foi et hommage simple et un demi-roussin de service du prix de 13 sols, et à 2 sols aux loyaux aides. — Aveu rendu par Perrot des Courtils à Ysabeau de l'Ile-Ogier, dame de la Guerche, le 3 juin 1382. — Le 13 août 1442, Léonet de Mauléon, seigneur des Courtils, acheta cette dîme, constituée en fief. — Mauléon porte : *de gueules, au lion d'or.*

BARROU (droit de banc dans l'église de). — Fief créé par César d'Aumont, vicomte de la Guerche, qui permit au seigneur des Courtils d'avoir un banc seigneurial dans le chœur de l'église de Barrou, à condition que lui et ses successeurs devraient foi et hommage-lige au château de la Guerche, à mutation de seigneur et d'homme.

BAUDIMENTS (les), paroisse de Coussay-les-Bois ; foi et hommage-lige. Ce fief a été, pendant plusieurs siècles, la propriété de la maison de Chateigner.

BORDE (la), paroisse de Neuilly-le-Noble à foi et hommage-lige, et 20 sols de loyaux aides.

BORDES (les), paroisse de Coussay ; foi et hommage-lige, au devoir d'un cheval de service évalué 60 sols, à mutation de seigneur et au tiers de 60 sols aux loyaux aides.

BOUTELAYE (la) relevait de la Guerche à foi et hommage-lige. — Après avoir appartenu aux familles de Grasleul (1390), de Menou, Bonnesseau, Chateigner, de Meaussé, Gauvain et Rogier de Marigny, ce fief, qualifié de baronnie, vint aux mains des Fumée par le mariage de Françoise de Rogier avec Pierre-Claude Fumée, seigneur de Chincé, vers 1715. Ce dernier, mort avant 1738, eut pour successeurs :

Jean-Henri Fumée, lieutenant civil au siége de Châtellerault (1746);

Jean-Louis Lignaud, chevalier, marquis de Lussac, baron de la Boutelaye par son mariage avec Anne-Nicole Fumée ;

Antoine Lignaud, marquis de Lussac, maréchal-de-camp, grand-croix de l'ordre de St-Louis, officier de la Légion-d'honneur, mort le 20 août 1832 ;

Alexandre-Louis Lignaud, marquis de Lussac, gentilhomme ordinaire de la chambre du roi (1828);

Calixte-Jacques-Michel de Leyritz.

Aujourd'hui, le château de la Boutelaye appartient à M. Allyre-Charles-Augustin, comte de Sarrazin, qui a épousé Claire-Marie-Gabrielle de Croy, fille de Raoul de Croy et de Victorine de Voyer d'Argenson. L'origine de cette famille, sortie de l'Auvergne, remonte au xiiie siècle. Entre autres illustrations, elle a fourni un chambellan du roi Saint-Louis, Jean de Sarrazin (1271) ; un général des armées vendéennes, Guillaume, comte de Sarrazin (1794), et plusieurs chevaliers de Malte et de Saint-Louis.

Menou porte : *de gueules à la bande d'or ;* — Chateigner ; *d'or, au lion passant de sinople;* — Rogier : *d'azur à 3 roses d'or, 2, 1 ;* — Fumée : *d'argent à 6 losanges de sable, 3, 2, 1 ;* — Lignaud de Lussac : *d'argent à 3 merlettes de sable;* — Sarrazin (de) : *d'argent à la bande de gueules chargée de 3 coquilles d'or.*

Brosse (la), paroisse de Neuilly-le-Noble et de St-Gervais de Pressigny; foi et hommage plain, un roussin de service du prix de 60 sols à muance d'hommes, et un sol aux loyaux aides ; au xvie siècle, ce fief appartenait à la famille de la Rochefoucauld, qui portait : *burelé d'argent et d'azur à 3 chevrons de gueules sur le tout.*

Buxeuil (hébergement de); devait foi et hommage-lige, 60 sols aux loyaux aides et 40 jours de garde au château de la

Guerche. Les familles dont les noms et les armoiries suivent ont possédé ce fief :

Fournier (aveux rendus par Jean Fournier au seigneur de la Guerche, en 1364-76 et 1405) : *d'azur à la bande engrelée d'or, accostée de 2 étoiles d'argent, 2, 1.*

Aloigny (d') (1450) : *de gueules à 3 fleurs de lis d'argent, 2. 1.*

Chergé (de), (de 1480 à 1590). Cette famille, dont M. Charles-Louis-Gilbert de Chergé, membre de la Société des Antiquaires de l'Ouest (1862), est un des représentants actuels, porte : *d'azur à la fasce d'argent chargée de 3 étoiles de gueules.*

Puy (du), seigneur du Petit-Carroy, la Rocheploquin, famille encore existante (1862) : *d'or, à un lion d'azur, armé, langué et couronné de gueules.*

Plessis (du), seigneur de la Vervolière, des Breux, etc. (1620) : *d'argent à 3 chevrons de gueules.*

Masparault de Terrefort (1625) : *d'argent, à un lion de gueules ; à la bordure d'or chargée de 8 tourteaux de gueules, ces tourteaux chargés eux-mêmes d'une étoile d'or chacun.*

Chétardie (de la) (1660) : . . . . .

Grailly (de) (1660) : *d'or à 3 pals de sinople.*

Aviau de Piolans (d'), baron de Piolans (1670), seigneur de la Chèze-St-Remi, la Brosse, etc. : *de gueules, au lion d'argent, couronné de même, la queue fourchée et passée en sautoir.*

Montel-Gironde (de) (1616) : . . . . .

Marillac (de) (1700) : *d'argent, maçonné de sable, rempli de 6 merlettes de même, et un croissant de gueules posé en cœur.*

Aubespine (de l') marquis de Châteauneuf : *écartelé, aux 1 et 4 d'azur, au sautoir alaisé d'or, accompagné de 4 billettes de même ; aux 2 et 3 de gueules à la croix ancrée de vair.*

Roche-Cery (de la) (1750) ; *d'argent à un lion d'or accosté de 3 fleurs de lis de même, 2, 1.*

Rechignevoisin (de), seigneur de Guron : *de gueules à une fleur de lis d'argent.*

François des Courtils (le) (1780) : *d'azur à la tour d'argent chargée de 3 mouchetures d'hermine de sable, accostée de 2 fleurs de lis d'argent et soutenue d'une croisette de même.*

Harembure (d') (1785) : *d'or à l'arbre de sinople, sur le fût duquel s'appuie un ours en pied de sable ; à la bordure de gueules chargée de 8 flanchis d'or.*

Vaucelles (de) (1809) : *d'argent au chef de gueules, chargé de 7 billettes d'or, 4, 3.*

Gabarit de la Brosse (XIXe siècle) : *d'azur à 3 têtes de lion d'or, 2, 1, une étoile d'or en chef et un croissant d'argent en cœur.*

CHALIGNÉ. Le 13 novembre 1455, Jacques d'Appelvoisin, seigneur de Chaligné, rendit aveu pour des portions de cette terre au seigneur de la Guierche. Le fief de Chaligné passa, en 1504, dans la maison d'Eschallard, par le mariage de Hardouine d'Appelvoisin avec Antoine Eschallard, seigneur de la Boulaye.

CHAUMES (les), paroisse de Chaumussay ; foi et hommage-lige, et 30 sols aux loyaux aides.

CHESNE (le) ; foi et hommage-lige, et 8 sols aux loyaux aides. — Aveu rendu, en 1345, à Jean de l'Ile-Ogier, seigneur de la Guerche, par Macé, seigneur de Chesne.

COMPLANS (les) ; foi et hommage simple, à mutation de seigneur.

COURANCE (la), paroisse de Neuilly-le-Noble ; foi et hommage simple, et 15 sols à mutation de seigneur. — Aveu rendu le 9 mai 1452, à André de Villequier, par Jean Gallois, seigneur de la Courance.

Fief-Boiceau ; foi et hommage-lige, un épervier de 5 sols à mutation d'homme.

Fontaine (la); foi et hommage simple. — Aveu rendu à Artus de Villequier, le 22 août 1505, par Antoine de Château-Chalons, chevalier, seigneur de la Fontaine. Château-Chalons porte: *d'argent, à la bande d'azur chargée de trois châteaux d'or.*

Fourneraie (la); foi et hommage-lige, 15 jours de garde en la ville de la Guerche et 10 sols aux loyaux aides. — Aveu rendu le 15 octobre 1478, à Artus de Villequier, par Antoine d'Arsac, seigneur de la Fourneraie. Arsac porte : *de sable, à l'aigle éployée d'argent becquée et onglée de gueules.*

Gauderie (la), paroisse de Neuilly-le-Noble; foi et hommage-lige et 30 sols aux loyaux aides.

Jean-Neveu (fief de); foi et hommage-lige, 20 sols aux loyaux-aides, 40 jours de garde en la ville de la Guerche, et à un *manger*, le jour de la Saint-Maurice, à quatre personnes des gens du seigneur de la Guerche (pain, vin, chair bouillie et rôtie au choix des personnes), et 5 sols pour chacun des gens du dit seigneur.

Lavardinière, paroisse de la Celle-St-Avant, foi et hommage lige. Aveu rendu au vicomte de la Guerche, le 17 juin 1408, par Pierre de Bagneux, valet, Pierre son fils et Jeanne Hasbert sa femme.

Mercellière (la) *alias* la Judassière; foi et hommage-simple et 10 de loyaux aides.

Mercins (les); foi et hommage lige.— Aveu rendu le 1er septembre 1368, à Ysabeau de l'Ile-Ogier, par Guy Guenand, dont les armes sont : *d'or, à 5 losanges de gueules posées en fasce.*

Méré-le-Gaullier, ou Aliaux (*Meriacum*). — Qualifié autrefois de baronnie, Méré-le-Gaullier relevait du château de la Guerche, à foi et hommage lige et devait 40 jours de garde dans la forteresse du suzerain.

Voici la chronologie historique des seigneurs de ce fief :

I. — **Méré** (Guillaume de), chevalier banneret (1213).

II. — **Méré** (Philippe de), chevalier, mourut vers 1230, après avoir fondé une chapelle dans l'abbaye de la Merci-Dieu.

III. — **Méré** (Maurice de), chevalier, épousa Anne de Chistré vers 1225, et mourut en 1257.

IV. — **Méré** (Michel de), chevalier, vivait en 1285 ; il est cité dans une charte relative à l'abbaye de la Merci-Dieu.

V. — **Méré** (Hugues de), chevalier, fit un don à l'abbaye de Fontevrault, en 1327.

VI. — **Maingot** (Guillaume), chevalier, seigneur de Méré et de Surgères, mourut vers 1365 (1).

VII. — **Savary** (N.), chevalier, possédait Méré en 1420 ; il laissa une fille, Perrette, qui épousa Jehan Cleret, et lui porta la terre de Méré en dot (2).

VIII. — **Cléret I** (Jehan), chevalier, seigneur de Méré, maître-d'hôtel du roi (1450), eut de Perrette Savary, un fils unique, Jehan Cléret II.

IX. — **Cléret II** (Jehan), chevalier, seigneur de Méré, Plessis-Savary, Ardilleux, la Rigaudière, gouverneur de Bayonne, maître d'hôtel du roi et son ambassadeur à Rome, épousa le 26 janvier 1483, Marguerite de Rochechouart, fille de Jean de Rochechouart, seigneur de Jars et d'Anne de Chaunay. Il en eut une fille unique, Françoise, mariée à Olivier de Brossin.

X. — **Brossin** (Olivier de), chevalier, seigneur de Méré, de Rosières, Thaix, la Tour-St-Gélin, capitaine des gardes du

---

(1) Maingot porte pour armoiries : *de gueules, fretté de vair*.

(2) Savary porte : *de gueules, au lion armé et couronné d'or*.

corps du roi, mourut sans laisser d'enfants de son mariage avec Françoise Cléret, qui épousa en secondes noces, vers 1505, Jean de Loan (1).

XI. — **Loan** (Jean de), seigneur de Méré, par son mariage avec Françoise Cléret, était gouverneur d'Orléans (1505.)

XII. — **Brossin** (Louis de), chevalier, seigneur de Méré, gouverneur de Loches et de Beaulieu, épousa le 24 août 1529, Jeanne de Thais, dont il eut Jacques Claude et Aimée de Brossin. Le 3 novembre 1543, il rendit hommage à Baptiste de Villequier, pour sa terre de Méré.

XIII. — **Gombault** (Méry), écuyer, seigneur de Méré, (en partie) et de Briaigues, figure dans un acte de 1525. Il épousa Perrette Gillier, fille de Jacques Gillier, seigneur de la Villedieu et de Marie de Férou.

XIV. — **Saint-Père** (René de) écuyer, conseiller au grand-conseil, était seigneur de Méré-le-Gaulier avant 1555.

XV. — **Brossin** (Jacques de), chevalier, seigneur de Méré, Sepmes, Mouzay, chevalier des ordres du roi, et gentilhomme ordinaire de sa chambre, fut marié le 15 juin 1575, à Suzanne de Rieux, fille de François de Rieux et de René de la Feuillée. De ce mariage est issu Gilbert de Brossin.

XVI. — **Brossin** (Gilbert de), chevalier, seigneur de Méré, mourut vers 1590 sans s'être marié. Sa succession échut à son oncle Claude de Brossin.

XVII. — **Brossin** (Claude de), chevalier, seigneur de Méré et de Beauregard, écuyer des écuries du roi (1591), capitaine de la marine du Ponant, épousa Marie Thibert de la Thiberdière dont il eut : 1° Jacques ; 2° Louis ; 3° Claude,

·1 Brossin porte : *d'azur au chevron d'or.*

seigneur de la Cour-Rolant ; 4° Blanche, femme de Marc Carré, chevalier, seigneur de Villebon, en Berri.

XVIII. — **Brossin** (Jacques de), chevalier, seigneur de Méré, entra dans l'ordre de St-Jean de Jérusalem et fut commandeur de Frétay (vers 1605).

XIX. — **Saulx** (Jeanne de), veuve de René de Rochechouart, chevalier, seigneur de Mortemart, acheta de Jacques de Brossin, *les lieu noble, chastel et seigneurie* de Méré-le-Gaullier, par acte du 10 novembre 1606. Nous ignorons comment cette terre revint peu de temps après aux mains de la famille Brossin (1).

XX. — **Brossin** (Louis de), chevalier, seigneur de Méré baron de Seignerolles, épousa le 20 novembre 1625 Marguerite, fille de René de la Rochefoucaud, seigneur de Neuilly-le-Noble, et de Jeanne de Popincourt. De ce mariage sont issus : 1° César-Alexandre ; 2° René, seigneur de Messars ; 3° Georges, capitaine aux gardes ; 4° Claude, marié à Marie Lecomte, et mort en 1662 ; 5° Jeanne.

XXI. — **Brossin** (César-Alexandre de) chevalier, seigneur de Méré, commandeur des ordres du Mont-Carmel, et de St-Lazare, fut marié le 1er mars 1650, à Yzeures, avec Madelaine, fille de René de Montbel, seigneur d'Yzeures, Fombrette, Champeron, et de Marie Fumée. De ce mariage sont issus : 1° Louis, baptisé à Yzeures, le 30 mars 1652 ; 2° Charles, baptisé le 3 février 1654 ; 3° Madeleine, baptisée le 30 mars 1652. — Marie-Madeleine de Montbel, mourut le 2 octobre 1694, et fut enterrée dans l'église d'Yzeures.

XXII. — **Brossin** (Louis de), chevalier, seigneur de Méré, vivait en 1665.

---

(1) Saulx porte : *d'azur, au lion d'or, couronné de même.*

XXIII. — **Bouex** (Robert du), chevalier, seigneur de Méré, marquis de Villemort, gouverneur du château de Blois, capitaine des chasses du roi dans les ressorts et baronnies de Montmorillon, Angles et Chauvigny, fut tué au siége de Candie le 16 décembre 1668. Il avait épousé en premières noces le 29 septembre 1650, Marie d'Escoubleau, fille de Claude d'Escoubleau, seigneur du Coudray - Montpensier, et en secondes, Jeanne Dreux, fille de Simon Dreux, chevalier, seigneur de Montrollet, et de Catherine des Granges. Du premier lit Robert du Bouex eut entre autres enfants : 1° François, mort en bas-âge ; 2° Henri-François, seigneur du Coudray-Montpensier ; 3° Charles-Éléonore, seigneur de Beaucaire ; 4° Jeanne, mariée à Alexis Dauvet, comte des Marets (1).

XXIV. — **Montbel** (Louis de), chevalier, seigneur de Méré, Yzeures, Champeron, Rigollet, capitaine d'une compagnie de chevau-légers, fils de René de Montbel et de Marie Fumée, épousa le 26 avril 1669 Jeanne Dreux, veuve de Robert du Bouex, dame de Méré, et mourut le 11 novembre 1693. Ses enfants furent : 1° Roger, baptisé à Yzeures le 5 novembre 1684, seigneur d'Yzeures, Rigollet, Champeron, marié le 27 juillet 1716, avec Silvie-Henriette de Roquefeuil ; 2° Marie-Anne, née en 1686 ; 3° Louis ; 4° Polixène, mariée avec Constant Scott, chevalier, seigneur de Coulangé ; 5° Catherine, née en 1688 ; 6° Françoise, née le 20 avril 1689, mort le 18 octobre suivant ; 7° Françoise, née le 1er avril 1671 (2).

XXV. — **Montbel** (Charles de), comte de Méré, seigneur d'Yzeures, commissaire ordinaire d'artillerie (quatrième fils de René de Montbel et de Marie Fumée), épousa, le 15 octobre 1684, Louise, fille de Louis Savary, baron de Lancosme et de

---

(1) Bouex porte : *d'argent, à deux fasces de gueules.*

(2) Montbel porte : *d'or, au lion de sable armé et lampassé de gueules ; à la bande componnée d'hermines et de gueules de 6 pièces brochant sur le tout.*

Anne de Coutances. De ce mariage sont issus ; 1° Charles-Joseph, prieur commandataire de Percé, en Auvergne; 2° Louis-Joseph; 3° Louis-Pierre, vicaire général de l'évêque de Poitiers ; 4° Armand, qui suit ; 5° Jean-Baptiste-Charles, capitaine dans le régiment de Pons ; 6° Marie-Jeanne, prieure de l'abbaye de Mouchy ; 7° Henriette, abbesse de Mouchy (1745).

XXVI. — **Montbel** (Armand de), chevalier, comte de Méré, Travarzay, Crémeaux, la Montmartin, épousa le 29 mai 1727, Cécile-Françoise de Bessay, fille de Paul de Bessay, comte de Travarzay et de Crémeaux, et de Cécile de Brachechien, d'où : 1° Hugues-Paul-Armand, né le 30 mai 1729, mort le 1er juin 1733 ; 2° Jacques-Paul-Armand ; 3° Henri-Paul-Armand, né le 22 février 1725, mort en 1746 ; 4° Françoise-Suzanne; 5° Jeanne-Madelaine, religieuse à Mouchy, près Compiègne.

XXVII. — **Montbel** (Jacques-Paul-Armand de), chevalier, seigneur, de Méré, Crémeaux, Travarzay, la Montmartin, mourut en 1748. Il était né le 20 juillet 1730.

XXVIII. — **Conty** (Jacques-Thimoléon de), chevalier, marquis d'Argicourt, Bouvillé, Gaucourt, devint seigneur de Méré, de Crémeaux, Travarzay et la Montmartin, par son mariage avec Françoise-Suzanne de Montbel, fille d'Armand de Montbel et de Cécile-Françoise de Bessay. Françoise-Suzanne de Montbel mourut à Bonneuil-Matours en 1804.

Notre-Dame-de-Vaugibault ou St-Martin de Marchais-le-Rond (le prieuré de), ordre de saint Benoît, paroisse de Buxeuil; foi et hommage simple; au divin service et à un souper annuel pour sept personnes. Ce prieuré existait dès le xiii° siècle. Peu de temps avant la Révolution il fut uni à la cure de Notre-Dame de Lahaye.

Painviel (hôtel et gaignerie de), paroisse d'Oiré ; — foi et hommage - lige à devoir de rachat. — Aveu rendu le 25 septembre 1455 par N. d'Aloiguy à Antoinette de Maignelais vicomtesse de la Guerche. — Aloigny porte : *de gueules à 5 fleurs de lis d'argent posées en sautoir.*

PASTURAILLE (la), paroisse de Coussay ; foi et hommage lige ; au devoir d'un cheval de service évalué 60 sols à mutation de seigneur et au tiers de 60 sols aux loyaux aides.

PIN ou PAIN (hébergement du) paroisse de Méré ; — foi et hommage lige, 40 jours de garde en la ville de la Guerche, et 5 livres de loyaux aides. — Aveu rendu par N.. en 1340 à Jean de l'Ile-Ogier.

PRÉLONG (prieuré de N.-D. de) paroisse de Leugny ; au devoir du service divin d'une messe chaque semaine, et les jour et feste de N.-D. Ce prieuré, dépendant primitivement de l'abbaye de Preuilly, fut réuni à la cure de la Guerche.

SAINT-MARCELLIN DE LA GUERCHE (Prieuré de); franche aumône et au divin service qui est de dire l'office et la grand-messe aux quatre fêtes de N.-D. et fêtes solennelles, la messe matutinale, etc...

SAINT-MAURICE DE BARROU (prieuré de); franche aumône et au même service que le prieuré de St-Marcellin.

SAINT-SILVAIN DE MÉRÉ (prieuré de); franche aumône et service. Il était à la nomination de l'abbé de St-Pierre-de-Preuilly.

SOULANGÉ, paroisse de Barrou (hôtel et hébergement de) — foi et hommage-simple et 20 sols aux loyaux-aides.— Aveu rendu le 29 octobre 1514, à Artus de Villequier vicomte de la Guerche, par Antoine d'Aloigny, seigneur de Péré. — Aveu rendu le 28 janvier 1569, à Claude de Villequier, par René de Beauval, seigneur des Courtils et de Soulangé.

TRESMOND, paroisse de Chaumussay. — Foi et hommage-lige et 20 sols aux loyaux-aides.

VACHERIE (la) paroisse de Coussay-le-Bois (Vienne). Foi et hommage-simple, et 5 sols de devoir à muance de seigneur et d'homme. — Aveu rendu le 31 mai 1499, par Paulet Fumée, dont les armes sont : *d'azur à deux fasces d'or accompagnées de six besans de même, 3 en chef, 2 en cœur et 1 en pointe.*

VAUMERLE ; foi et hommage-simple.

Tours. — imp. LADVÈZE.

www.ingramcontent.com/pod-product-compliance
Lightning Source LLC
LaVergne TN
LVHW021739080426
835510LV00010B/1294